DAS

URGESCHMACK KOCHBUCH

Jeden Tag gesund und lecker

Felix Olschewski

www.urgeschmack.de

www.urgeschmack.de

Das Urgeschmack-Kochbuch:

Jeden Tag gesund und lecker

2. Auflage, Dezember 2012

Herstellung und Verlag: Books on Demand GmbH, Norderstedt

ISBN 978-3-8423-7726-4

Bibliografische Information der Deutschen Nationalbibliothek
Die Deutsche Nationalbibliothek verzeichnet diese Publikation in der Deutschen Nationalbibliografie; detaillierte bibliografische Daten sind im Internet über dnb.d-nb.de abrufbar.

Inhalt

DANKSAGUNGEN 7

EINLEITUNG 8
- ESSEN IST ETWAS GROSSARTIGES 8
- ES GIBT ZWEI GRÜNDE, DIESES BUCH ZU KAUFEN 8
- VON UNTEN NACH OBEN 9
- NICHT SO SCHNELL! 10
- KEIN FOODSTYLING 11
- DAS KIND NICHT MIT DEM BADE AUSSCHÜTTEN 12

KAPITEL 1 – WAS IST URGESCHMACK? 13
- URGESCHMACK IST KEINE DIÄT 13
- DIE URGESCHMACK-SYMBIOSE 14
- GESUNDHEIT 15
  - DIE STEINZEIT ALS GRUNDLAGE 16
  - IST URGESCHMACK GLEICH STEINZEITERNÄHRUNG? 17
  - SIEBEN SCHRITTE: DIE ERNÄHRUNGSGRUNDSÄTZE 18
    - SCHRITT 1: KEIN ZUCKER 18
    - SCHRITT 2: KEINE GETREIDEPRODUKTE. 19
    - SCHRITT 3: KEIN PFLANZENFETT. KEINE MARGARINE. 21
    - DAS WICHTIGSTE IST GESCHAFFT! 22
    - SCHRITT 4: MÄSSIGEN SIE IHREN OBSTVERZEHR. 23
    - SCHRITT 5: KEINE FERTIGGERICHTE, KEIN FAST FOOD. 23
    - SCHRITT 6: KEINE MILCH, KEINE MILCHPRODUKTE. 24
    - SCHRITT 7: OMEGA-3-FETTSÄUREN 26
  - EINES NACH DEM ANDEREN 26
  - EINE FRAGE DES GESCHMACKS 27
- GESCHMACK 28
- NACHHALTIGKEIT 30
  - EINE FRAGE DER VERHÄLTNISMÄSSIGKEIT 31

URGESCHMACK-GESCHICHTE 32
ANLEITUNG ZUM ABNEHMEN 34
HERAUSFORDERUNG: NUR 30 TAGE 35
DIE HERAUSFORDERUNG 35
WAS HABEN SIE DAVON? 35
REZEPTE 36

KAPITEL 2 – DIE PRAXIS 37
ZUTATEN 38
WO KAUFE ICH DIE BESTEN LEBENSMITTEL? 42
WERKZEUGE 42
ÜBUNG MACHT DEN MEISTER 44

KAPITEL 3 – DIE REZEPTE 46
HAMBURGER MIT GEMÜSE 48
ENTE MIT GRÜNKOHL 50
APFELTORTE 52
RATATOUILLE 54
ROTKOHL 56
PANNA COTTA 58
BROKKOLI-CREME-SUPPE MIT GERÖSTETEM FETA 60
SCHOKOLADENCREMETORTE 62
LAUCHCREMESUPPE 64
RÜHREI MIT SPECK UND APFELKOMPOTT 66
PASTINAKENCREMESUPPE 68
FRIKADELLEN MIT FETAFÜLLUNG 70
TOMATENSUPPE MIT MOZZARELLA 72
BLUMENKOHL MIT RÜHREI 74
GULASCH MIT ROTER BEETE UND KÜRBISBREI 76
LEBER MIT KÜRBISBREI UND APFELKOMPOTT 78
ROTE BEETE SUPPE MIT FETA 80
BRATAPFEL MIT VANILLEPUDDING 82
MIESMUSCHELN 84
TOMATEN-ZWIEBELSOSSE 86
SAUERRAHM-DIP 86
KETCHUP 86
MEDITERRANER AUFLAUF 88

RINDERBRATEN IM GEMÜSEBETT 90
SCHOKOLADEN-BANANEN-KUCHEN 92
BOLOGNESE 94
SEELACHS MIT FRISCHEN TOMATEN 96
MANDELMEHL-FLADENBROT 98
FRÜHLINGSSALAT 98
MANDELMEHL-ROSINEN-PLÄTZCHEN 100
SCHOKOLADENEIS 100
GULASCH 102
HEISSES GEMÜSE 104
SCHOLLENFILET MIT FRÜHLINGSGEMÜSE 106
PASTINAKENPFANNE MIT FETASOSSE 108
KÄSEKUCHEN 110
VERFEINERTES SAUERKRAUT 112
SZEGEDINER GULASCH 112
BRATWURST MIT SAUERKRAUT 112
BISQUITROLLE MIT HEIDELBEEREN 114
MÜSLI 116
HEIDELBEERMÜSLI 116
TOMATENSALAT 118
CHICORÉESALAT 118
APFELKOMPOTT 120
ENTENLEBERPASTETE 122
SCHWEINEFILET MIT GEMÜSE 124
LEBER MIT GEMÜSE 126
HACKPFANNE 128
GEFÜLLTE ZUCCHINI 130

KAPITEL 4 – WEITERE INFORMATIONEN 132
MEHRFACH UNGESÄTTIGTE FETTSÄUREN 132
OMEGA-3-FETTSÄUREN 132
OMEGA-6-FETTSÄUREN 134
FLEISCH ALS MEDIZIN 136
HÄUFIGE FRAGEN 137
LITERATURVERZEICHNIS 140

INDEX DER ZUTATEN 144

Danksagungen

Natürlich möchte auch ein Verlag Geld verdienen. Deswegen geht er bei der Auswahl und Gestaltung seiner Produkte sehr sorgfältig vor. Er wählt Themen gezielt aus und biegt sie so zurecht, dass sie seiner Vorstellung eines erfolgversprechenden Produkts entsprechen. Das ist oft mit Kompromissen zu Ungunsten der Qualität verbunden.

Aus diesem Grund habe ich auch dieses Mal auf die Finanzierung und Regie durch einen Verlag verzichtet und alle Fäden, aber auch das Risiko selbst in die Hand genommen. So ein Unternehmen kostet Kraft und es gibt einige Menschen, denen ich dafür danken muss, dass sie weit mehr als nur in mein Leben getreten sind.

Andrea Christen erhält meine geistige Gesundheit und stellt ihren kritischen Gaumen stets zur Verfügung, um meine kulinarischen Kreationen zu prüfen. Unsere Gespräche über Kunst und Leidenschaft sind unersetzlich. Danke, Andrea. Für alles.

Peter Thielmann hat mir die Augen für viele Details der Typographie und des Schreibens geöffnet, deren Kenntnis mich fasziniert und mir hilft. Auch er ist eine wichtige Stütze zur Erhaltung meiner geistigen Gesundheit. Mein lieber Freund Peter, ich danke dir.

Margret Olschewski ist meine Mutter. Jobst und Moritz sind meine Brüder. Punkt. Danke, Jungs. Danke, Mama. Und danke, Papa. Wir vermissen dich.

Daniele Brands, Bleicke Petersen und Andreas Thies gaben mir frühzeitig weitere Anregungen für dieses Buch. Danke.

Und nicht zuletzt danke ich Ihnen, den Lesern sowohl dieses Buchs als auch der dazugehörigen Internetseite, für Ihr Interesse und die Wertschätzung der Arbeit, die darin steckt. Danke.

Einleitung

Essen ist etwas Grossartiges

Es vergeht kaum ein Tag, an dem ich nicht denke: „Ich könnte den ganzen Tag essen!" Nicht, weil ich so viel Hunger hätte. Sondern weil es mir so gut schmeckt. Über die Jahre habe ich herausgefunden, wie ich Essen so zubereiten kann, dass es meiner Familie und mir immer schmeckt. Und noch mehr: Ich habe gelernt, die Dinge zu meiden, die mir Unwohlsein bereiten, die mich krank machen und fett.

Es gibt zwei Gründe, dieses Buch zu kaufen

Der erste Grund ist Lebensfreude. Essen kann ein enormer Quell der Freude sein. Und dieses Buch hilft dabei, der Nahrung, die wir alle täglich zu uns nehmen müssen, eben diese Freude abgewinnen zu können. Doch Lebensfreude besteht aus mehr als leckerem Essen. Gesundheit und Wohlbefinden sind wichtige Grundlagen für Lebensfreude. Wie sich herausstellt, stehen eben diese Aspekte in direktem Zusammenhang mit leckerem Essen. Übergewicht, Unwohlsein und gesundheitliche Probleme lassen sich sehr häufig durch eine Anpassung der Ernährung kurieren. Das Verständnis hormonaler Zusammenhänge des Stoffwechsels ist dabei wesentlich hilfreicher als Schlagworte wie „knallharte Selbstkontrolle" oder „mehr Sport". Wie das funktioniert, steht in diesem Buch.

Der zweite Grund ist die Schaffung einer besseren Welt. Was genau zu verbessern ist, stellt auch fest, wer die Massenmedien ignoriert und so den monatlichen Meldungen über Lebensmittelskandale entgeht. Es reicht ein Blick in die Supermärkte der Republik, um zu erkennen, dass es großen Handlungsbedarf gibt. Der Großteil der verzehrten Dinge verdient kaum noch die Bezeichnung Lebensmittel und die vermeintlichen

Tiefstpreise sind mit hohen Kosten für Mensch, Tier und Natur verbunden. So groß die Freude auch sein mag, die der Mensch aus Lebensmitteln ziehen kann, so sehr geht es beim Essen jedoch auch um unser aller Existenz. Wie Sie zu einer Verbesserung der aktuellen Lebensmittelsituation beitragen können, ist ebenfalls Thema dieses Buchs.

Von unten nach oben

Wachstum ist die Grundlage für Nachhaltigkeit und Stabilität. Eine sinnvolle und dauerhaft stabile Änderung der menschlichen Ernährung kann daher nicht von oben diktiert werden. Die Natur macht es vor: Auch die größte und stärkste Eiche wächst aus einer winzigen Frucht – und zwar ganz von selbst. Und so darf der Verbraucher nicht darauf warten, dass Industrie oder Politik ihm die Veränderung abnehmen. Ganz im Gegenteil: Woraus unsere Ernährung besteht, geht nur jeden selbst etwas an. Wer die freie Wahl der Lebensmittel erwartet, muss zugleich die volle Verantwortung für diese Wahl tragen. Es mag sein, dass Lebensmittelkonzerne viel Macht haben und durch ihre Preisgestaltung versuchen, Einfluss auf das Verbraucherverhalten zu nehmen. Doch letztlich hat allein der Verbraucher mittels seines Portemonnaies die Macht, freie Entscheidungen zu treffen. Entscheidungen, die in Form von Verkaufszahlen eine klare Sprache sprechen. Allein die Bequemlichkeit ist es, der er all zu oft nachgibt und die der Industrie in die Hände spielt. Möglichkeiten, aus dem konventionellen Lebensmittelhandel auszusteigen, gibt es überall in großer Zahl. Nicht zuletzt auf Wochenmärkten stehen das ganze Jahr überzeugte Landwirte, die ihre Ware auf ökologisch einwandfreie, nachhaltige Weise erzeugen und für einen fairen Preis vermarkten. Auch hier spricht des Verbrauchers Portemonnaie beim Kauf eine ganz klare Sprache: „Danke, mehr davon!“

Seien Sie zunächst ruhig egoistisch: Tun Sie es für sich selbst, für Ihren Genuss, für Ihre Gesundheit. Diese ist Ihr höchstes Gut und durch Ihre Ernährung haben Sie direkten Einfluss auf Ihr Wohlbefinden.

Der nächste Schritt ist Ihre Heimat, Ihre Region. Wünschen Sie sich eine Nachbarschaft mit stinkenden Hühnerkonzentrationslagern oder ziehen Sie es vor, dem Erzeuger eben jener Ware, die Sie Ihrem Körper zuführen, in die Augen schauen zu können? Es ist doch sinnvoll, dass Ihr Lebensmittelgeld nicht einem international arbeitenden Konzern in die Hände fällt, sondern stattdessen in Ihrer Region bleibt. Wenn die

Wertschöpfung vom ersten Samen bis zum servierbereiten Blumenkohl in Ihrer Umgebung stattfindet, profitieren Sie nicht zuletzt indirekt durch die Steuergelder, die auf diese Weise ebenfalls „zu Hause" bleiben.

Und so kann im letzten Schritt die allumfassende Zentralisierung der Lebensmittelversorgung und die Herrschaft einer Handvoll Großkonzerne umgangen werden. Ihr Mittagessen muss in der Folge nicht mehr um die halbe Welt geschifft werden, eine wirtschaftliche Entzerrung findet statt und die Anfälligkeit für gesundheitliche Gefahren schrumpft bis zur Bedeutungslosigkeit.

Nicht so schnell!

Essen wird immer wieder mit den Eigenschaften „Schnell und Einfach" beworben. Dies sind allerdings sehr relative Angaben. Sicherlich kann sich nicht jeder Mensch so sehr für sein Essen begeistern, dass er gerne seine Zeit in die Zubereitung investiert; dennoch sollte eine grundsätzliche Sorgfalt herrschen. In diesem Fall scheue ich es nicht, mich zu wiederholen: Beim Essen geht es um Leben und Tod. Es geht um Ihre Gesundheit. Nahrungsmittel sind die Dinge, die Sie Ihrem Organismus zuführen. Neben Quell verschiedenster Geschmäcker sind sie vor allem Treibstoff und Grundbaustein für Ihren Körper. Ist es da zu viel verlangt, ein paar Minuten in der Küche und am Esstisch zu verweilen?

Die Urgeschmack-Rezepte lassen sich verhältnismäßig einfach und schnell zubereiten. Konkret heißt das: Meist sind die Gerichte in 10-20 Minuten fertig, selten stecken mehr als 30 Minuten Arbeit darin. In einigen Fällen kommt es vor, dass ein Herd über mehrere Stunden unbeaufsichtigt die Arbeit für Sie erledigt, doch auf Ihre Handarbeit in der Küche hat dies keinen Einfluss. Hinzu kommt, dass sie etwaige Reste am nächsten Tag in noch viel kürzerer Zeit einfach aufwärmen können.

Diese Zeit ist freilich weit mehr als die drei Minuten, die das durchschnittliche Industriefutter in der Mikrowelle verbringt. Und in der Tat sind die meisten Mikrowellen so leicht zu bedienen, dass der Aufwand für das Schneiden einer Karotte größer scheint. Aber wer ein Kochbuch wie dieses liest, weiß auch, wo der Unterschied zwischen einem solchen Fertiggericht und einer hochwertigen Mahlzeit aus eigener Herstellung liegt. Sowohl im Geschmack als auch im Nährwert, der gesundheitlichen Auswirkung und der Nachhaltigkeit. Ich denke jedenfalls nicht, dass die Ernährung so unwichtig ist, dass ihr täglich nur drei Mal fünf Minuten gewidmet werden sollten, in denen ein Fertiggericht erhitzt und dann eilig ausgelöffelt wird.

Essen ist wichtig. Sowohl für Sie, als auch für die Gesellschaft und unsere Kultur. Essen bringt (oder, wie man leider sagen muss: brachte) Menschen an einen Tisch. Es sorgt für Gemeinsamkeit und Gespräche. Selbst in den arbeitsamsten Familien mit verschiedenartigen Charakteren und Meinungsverschiedenheiten, sorgt die gemeinsame Hauptmahlzeit am Tag für einen gemeinsamen Nenner. Dies liegt in der Natur des Menschen. Es wurde immer gemeinsam gegessen. Die gesellschaftlichen Probleme der letzten paar Jahrzehnte, Depressionen, Entfremdungen und steigende Scheidungsraten sind sicherlich nicht zwingend und ausschließlich auf den Wegfall gemeinsamer Mahlzeiten zurückzuführen. Aber auffällig ist das Einhergehen dieser Umstände allemal.

Nehmen Sie sich stets Zeit für Ihr Essen. Es ist eine sehr intime und persönliche Angelegenheit.

Kein Foodstyling

Auch wenn ich bemüht bin, meine Gerichte in möglichst gutem Licht darzustellen, gibt es Grenzen. Es gibt schöne Fotos von Lebensmitteln und das handwerkliche Können, das darin steckt, ist teils beeindruckend. Allerdings tritt so leider viel zu oft die Optik in den Vordergrund, während die gustatorische Qualität zur Nebensache wird. Jedoch denke ich, dass Lebensmittel bei aller Schönheit zum Essen da sind. Alles, was bei Urgeschmack und auch in diesem Kochbuch zu sehen ist, wurde zum Verzehr gekocht und, sofern dafür vorgesehen, heiß verzehrt. Das heißt, dass für die Erstellung der Fotos in der Regel nur etwa eine Minute Zeit bleibt. Es handelt sich um Rezepte aus dem Alltag und in eben jenem werden die Fotos gemacht. Für die aufwändige Dekoration so mancher Hochglanzpublikation bleibt da keine Zeit – aber auch kein Interesse. Das Essen soll durch die Zutaten und durch Geruch und Geschmack für sich sprechen. Man sagt zwar, das Auge esse mit; jedoch darf dies nicht so weit gehen, dass man Angst bekommt, ein aufwändig gestaltetes Kunstwerk durch den Verzehr zu zerstören. Geschmack entsteht im Mund.

Das Kind nicht mit dem Bade ausschütten

Viel zu oft entstehen hitzige Diskussionen, weil eine oder beide Parteien vergessen, dass es mehr als nur Schwarz und Weiß gibt. Wer, wie ich, Nachhaltigkeit fordert, meint damit nicht zwingend den sofortigen und vollständigen Verzicht auf importierte Ware. Vielmehr handelt es sich hier, wie bei so vielen Dingen im Leben, um ein Kontinuum, auf dem sich der Verbraucher bewegen kann. Pragmatismus ist oft eine gute Basis zur Entscheidungsfindung. Die Offenheit, die eigenen Entscheidungen hin und wieder zu überdenken und gegebenenfalls zu ändern, hilft dabei, sein Leben den sich verändernden Umständen anzupassen.

Dauerhafte Veränderung kann nicht immer unmittelbar stattfinden. Eine Umstellung der Ernährungsweise für das ganze Leben ist eine einschneidende Entscheidung und dies sollte wohl überlegt und sorgfältig angegangen werden.

Wenn Sie dieses Buch mit dem Ziel lesen, etwas an Ihrer eigenen Ernährung zu verändern, dann machen Sie sich beim Lesen der folgenden Abschnitte immer wieder klar: Sie müssen keinesfalls alles sofort und vollständig umsetzen. Betrachten Sie Ihre Umstellung eher als eine Reise, an deren Ziel das steht, was Sie verwirklichen möchten. Ein schrittweises Herangehen hilft in einigen Fällen auch, einige Aspekte der Umstellung zu umgehen, ohne gleich das gesamte Projekt aufzugeben. Wichtig ist, dass Sie ihre eigenen Entscheidungen treffen und ihren eigenen Weg gehen. Nur dann können Sie mit den folgenden Veränderungen auch wirklich glücklich sein.

Am Ende zählt, dass Sie mit Ihrem Leben zufrieden sind und mit Ihren Entscheidungen leben können.

Kapitel 1 – Was ist Urgeschmack?

Gesundheit, Geschmack & Nachhaltigkeit

Urgeschmack ist keine Diät

Der Begriff *Diät* stammt ursprünglich aus dem Griechischen und bedeutet etwa *Lebensweise*. Und in genau diesem Sinne, ja, ist Urgeschmack (für mich) eine Diät. Allerdings hat dieser Begriff speziell im deutschen Sprachraum durch vielfachen Missbrauch mittlerweile stets den Beiklang von Einschränkung, Verzicht, Mode und letztlich auch Kurzlebigkeit.

Es macht wenig Sinn, seine Ernährung lediglich für einen Zeitraum von wenigen Wochen umzustellen, bis zum Beispiel ein vordefiniertes Gewicht erreicht wurde. Denn ab diesem Punkt einfach wieder ungesund zu essen, widerspricht dem eigentlichen Zweck der vorangegangenen Ernährungsumstellung.

Eine vernünftige Diät sollte also stets im ursprünglichen Wortsinn behandelt werden: Als Lebensweise und nicht als 4-, 6- oder 12-wöchiges „Fett-weg-Programm". Das heißt keineswegs, dass sich an dieser Lebensweise nie etwas ändern darf. Aber ständige, all zu extreme Kehrtwenden widersprechen nicht nur der Natur des Menschen, sondern führen auch selten zu optimaler Gesundheit. Bevor ich im nächsten Abschnitt auf die Details der Ernährung eingehe, möchte ich zunächst auf die drei zentralen Aspekte von Urgeschmack eingehen: Gesundheit, Geschmack und Nachhaltigkeit.

Die Urgeschmack-Symbiose

Ich glaube, dass eine perfekte Symbiose besteht aus biologischer Nachhaltigkeit, optimaler Gesundheit und köstlichem Essen. Konkret heißt das, dass wir alle im Einklang mit der Natur (unserer eigenen und der Umwelt) leben können, ohne auf genussvolles Essen verzichten zu müssen. So symbiotisch sind diese drei Begriffe –Gesundheit, Geschmack und Nachhaltigkeit– miteinander verknüpft, dass eine gemeinsame Erläuterung nötig ist. Es ergibt sich ein stimmiges Bild, das weit mehr als nur ein schöner Gedanke ist: Es handelt sich um die praktische Umsetzbarkeit eines ausgeglichenen Lebens.

Auf den folgenden Seiten werden Sie sehen, wie die Begriffe Gesundheit, Geschmack und Nachhaltigkeit aus allen drei Richtungen ganz selbstverständlich zusammen passen: Wer Lebensmittel aus wirklich nachhaltiger Erzeugung kauft, ersteht zugleich gesunde Ware von bestem Geschmack. Wer gesunde Lebensmittel sucht, findet diese aus nachhaltiger Produktion und freut sich nebenbei über guten Geschmack. Und wer sich die geschmackvollsten Lebensmittel wünscht, bekommt sie ebenfalls aus nachhaltiger Erzeugung.

gesundheit

Wer dick ist, hat in der Regel ein gesundheitliches Problem. Aber auch wer dünn ist, ist nicht zwangsläufig gesund. Lebensmittel sind Treibstoffe für den menschlichen Körper. Wer nichts isst, stirbt daran. Wer das falsche isst, stirbt ebenfalls daran. Man kann mit Fug und Recht behaupten, dass es bei der Ernährung um Leben und Tod geht. Es gibt also genügend Gründe, sich näher mit dem zu befassen, was wir essen.

Übergewicht ist keine Ursache, sondern die Folge einer Stoffwechselerkrankung. Die Tatsache, dass der Mensch sich genau diese Erkrankung in den meisten Fällen selbst zufügt, sollte genügen, ihn dabei keinesfalls als bloßes Opfer seiner Umgebung darzustellen. Damit eine wirklich gesunde Ernährung stattfinden kann, fehlt es vielen Menschen an Informationen und Bewusstsein, aber auch an dem Willen, etwas zu ändern. Fest steht, dass wir auch anno 2011 noch längst nicht alles über den menschlichen Stoffwechsel wissen. Sicher ist aber auch, dass wir viele Stoffe (z.B. Konservierungsmittel, Farbstoffe), die die Bevölkerung erst seit Beginn der industriellen Nahrungsmittelproduktion verzehrt, als zweifelsfrei schädlich bezeichnen können. Dies betrifft vor allem die westlich geprägte Zivilisation. Viele seriöse Quellen in Büchern, Studien und auch im Internet (und **www.urgeschmack.de** ist dort nur eine von vielen solcher Seiten) berichten von entsprechenden Zusammenhängen, von der Schädlichkeit großer Mengen Zucker, weißen Mehls oder auch Pflanzenölen.

Um vermeidbare Erkrankungen zu verhindern, ist Sorgfalt bei der Ernährung unabdingbar. Die Urgeschmack-Rezepte basieren aus diesem Grunde auf absolut naturbelassenen und unbehandelten Zutaten, deren gesundheitliche Unbedenklichkeit nicht erst seit 20 oder 30 Jahren, sondern seit vielen Jahrtausenden praktisch erprobt ist.

Konkret heißt das, dass bei Urgeschmack ausschließlich natürliche Zutaten zur Anwendung kommen. Dinge, deren Namen wir nicht kennen oder aussprechen können (darunter die Zusatzstoffe in einem Großteil der verpackten Supermarktware), gehören nicht in unsere Küchen und schon gar nicht in unsere Ernährung. Es gibt gewiss immer Gemüsesorten, die aufgrund jahrzehntelanger Züchtungen nicht mehr viel mit ihrer ursprünglichen Form gemeinsam haben. In diesen Fällen kann jedoch zumindest nach heutigen Gesichtspunkten und unter Ausschluss gentechnischer

Manipulation argumentiert werden, dass ein solches Produkt durch natürliches Leben und Wachstum entstanden ist. Von den zahlreichen, bunten Kreationen aus den Lebensmittellabors dieser Welt kann das hingegen nicht behauptet werden.

Wie erkennt man nun gute, gesunde und natürliche Lebensmittel? Die Natur hat ein prächtiges System entwickelt, genannt Evolution. Trifft ein Lebewesen die falsche Entscheidung für sein Überleben, und dazu gehört der Verzehr ungesunder Lebensmittel, dann sorgt die natürliche Auslese dafür, dass sich dieses Verhalten nicht fortsetzt. Es ist die Evolution, die uns viele Dinge lehren kann. Die Menschen sind zwar sehr schnell und geschickt darin geworden, die Natur auszutricksen. Dass ihnen dies jedoch nicht immer gelingt, zeigt die rasant steigende Zahl und Verbreitung von Stoffwechselerkrankungen, derer Übergewicht, Diabetes und Darmerkrankungen nur einige wenige Beispiele sind.

Die Steinzeit als Grundlage

Urgeschmack ist kein festes Korsett, ähnelt jedoch ernährungsphysiologisch dem am besten erprobten Ernährungskonzept der Menschheitsgeschichte. Die sogenannte Steinzeiternährung, auch bekannt als Paläo- oder Paleo-Diät, basiert auf der sinnigen Annahme, dass der Mensch aufgrund der Evolution am besten an die Verdauung jener Lebensmittel angepasst ist, die er für die längste Zeit seiner Existenz verzehrt hat. Millionen Jahre währender Evolution in der Steinzeit stehen nur wenige tausend Jahre Landwirtschaft und lediglich 100 Jahre Industrialisierung gegenüber. Besonders durch die Industrialisierung hat sich die Ernährung der Menschen gewaltig verändert. Evolution und somit auch die Anpassung an neue Nahrungsmittel, kann jedoch nur über viele Generationen stattfinden. Zu den Indizien (die immens verschlechterte Bevölkerungsgesundheit zum Beispiel durch Übergewicht oder Diabetes) gesellen sich seit langer Zeit auch handfeste medizinische Untersuchungsergebnisse. Es bestätigt sich: Was die Lebensmittelindustrie uns seit cirka 70 Jahren vor die Nase setzt, also stark verarbeitete Produkte mit vielen Zusatzstoffen und Unmengen Zucker, macht uns krank. Warum dies im Detail so ist, soll jedoch nicht Thema dieses Buches sein, denn damit befassen sich neben der Internetseite **www.urgeschmack.de** bereits seit vielen Jahren in Studien renommierte Wissenschaftler wie unter anderem Loren Cordain, Michael Eades, Kurt Harris oder Boyd Eaton und zahlreiche sehr sorgsam von Ärzten und Wissenschaftlern gepflegte Internetseiten.

Das Konzept der Steinzeiternährung entgegnet diesen Problemen keine Medikamente, sondern tritt einen Schritt zurück: Auf dem Speiseplan stehen nur natürliche Lebensmittel, einige Produkte bleiben ganz außen vor. Darunter Zucker und die meisten Getreidesorten. Fleisch, Fisch, Eier und tierisches Eiweiß im Allgemeinen gelten hingegen als wichtig, da nur diese Lebensmittel die essentiellen, also für den Menschen lebensnotwendigen Aminosäuren enthalten. Tierprodukte sind auch reich an Vitaminen und Mineralien. Hinzu kommt viel Gemüse verschiedenster Art. Im Grunde kann man sagen, dass die Steinzeiternährung eine ausgewogene Ernährung ist, die sich sehr leicht umsetzen lässt: Verpackten Lebensmitteln in Dosen oder Tüten wird die kalte Schulter gezeigt, stattdessen kommt auf den Tisch, was schon die Urgroßmutter kannte: Frisches Gemüse, etwas Obst und ein ordentlicher Braten.

Was ich in diesem Buch zur Ernährung auf Basis der Steinzeiternährung oder generell einer evolutionsbezogenen Betrachtung sagen möchte ist: Es funktioniert! Mein gesunder Gewichtsverlust von über 20 kg innerhalb von nur 9 Monaten und meine Befreiung von verschiedenen, sehr unangenehmen und lästigen Allergien ist nur eines von vielen Erfolgsbeispielen mit dieser Ernährung. Mehr über die Steinzeiternährung erfahren Sie im Internet unter **www.urgeschmack.de/die-steinzeiternaehrung**

Ist Urgeschmack gleich Steinzeiternährung?

Nein. Urgeschmack basiert auf der Annahme, dass alles im Leben auf einem Kontinuum stattfindet und dass Menschen verschieden sind. Nicht jeder kann oder möchte einer bestimmten Ernährungsmethode folgen. Wer sich trotz der gesundheitlichen Auswirkungen nicht mit dem Gedanken an Verzicht auf Getreide anfreunden möchte, kann sich dennoch an den Urgeschmack-Rezepten erfreuen. Und wer sich einen Umstieg von heute auf morgen nicht zutraut, sollte nicht verzagen oder gar aufgeben: Jeder Schritt, und sei er auch noch so klein, ist ein guter Anfang. Wer statt drei Würfeln Zucker zunächst nur noch zwei in seinen Kaffee rührt, tut sich selbst einen sehr großen Gefallen und wird vielleicht schon sehr bald auf einen Würfel reduzieren oder gar den Kaffee ganz aufgeben.

Es versteht sich von selbst, dass Urgeschmack sich von einer bedingungslosen Nachahmung steinzeitlicher Gebräuche distanziert. Es geht hier um pragmatische, gesunde Ernährung. Nicht mehr und nicht weniger.

Sieben Schritte: Die Ernährungsgrundsätze

Die Urgeschmack-Rezepte folgen einer handvoll sehr einfacher Grundsätze. Diese basieren zum Großteil auf der wissenschaftlichen Grundlage der Steinzeiternährung. Man kann diese Umstellungen Schritt für Schritt vornehmen oder auch von heute auf morgen alles umsetzen. Und selbst, wenn Sie mal eine Richtlinie nicht oder nicht immer befolgen, können Sie trotzdem Erfolg haben. Diese Ernährung funktioniert also nicht nach dem „Alles oder nichts!"-Prinzip, sondern kann stufenweise in Ihr Leben integriert werden. Die ersten drei Schritte sind die mit Abstand wichtigsten:

Schritt 1: Kein Zucker.

Verzichten Sie möglichst immer auf Zucker. Auch in Getränken ist oftmals viel Zucker enthalten, darunter Fruchtsäfte, Eistee, Erfrischungsgetränke, Softdrinks und natürlich auch gesüßter Tee und Kaffee.

Warum? Zucker ist ein Kohlenhydrat, das im Körper sehr schnell verdaut wird und den Blutzuckerspiegel entsprechend schnell und stark ansteigen lässt. Dies führt zu einem ebenso heftigen Anstieg des Insulinspiegels.

Insulin ist ein Hormon, ein sogenanntes Speicherhormon. Vereinfacht ausgedrückt sorgt es dafür, dass Energie (in diesem Fall Blutzucker) gespeichert wird. Zugleich wird der bereits gespeicherte Zucker nicht freigesetzt. Ein dauerhaft erhöhter Insulinspiegel ist die Ursache vieler Krankheiten, angefangen mit Hyperinsulinismus, Insulinresistenz und Diabetes über Bluthochdruck bis hin zu Herzgefäßerkrankungen, Demenz und Alzheimer.

Wer also große Mengen schnell verfügbarer Kohlenhydrate wie Zucker oder auch weißes Mehl zu sich nimmt, der sorgt dafür, dass sein Körper weiter Energie speichert, statt die Fettspeicher abzubauen. Er wird fett. Zugleich steigt die Anfälligkeit für zahlreiche Zivilisationskrankheiten.

Daher sollten Sie auf Zucker gänzlich verzichten. Dazu gehören auch jegliche süßen Getränke wie Fruchtsäfte, Eistee, Vitamindrinks, Softdrinks, gesüßter Kaffee und Tee. Und natürlich sollten Sie auch jegliche Süßigkeiten meiden. Honig und Agavensirup enthalten ebenfalls Zucker und stellen daher kaum eine echte Alternative dar. Je weniger Zucker Sie essen, desto besser.

Alternativen: Wer auch über Obst hinaus nicht auf Süßes verzichten mag (und da zähle ich mich selbst dazu), hat viele Möglichkeiten, auch ohne Zucker diesen Geschmackssinn zu stimulieren. Jedoch sind fast alle dieser Lösungen künstliche Süßstoffe wie Aspartam oder Sucralose. Diese haben ihre eigenen, teils drastischen Nebenwirkungen und sind daher nicht zu empfehlen. Die wohl beste natürliche Alternative stellt Stevia dar. Stevia, genauer *Stevia rebaudiana*, ist 250-450 mal süßer als Haushaltszucker. Stevia ist ein reines Naturprodukt und hat keinen Einfluss auf den Blutzuckerspiegel, einige Studien legen sogar vorteilhafte Wirkungen auf die Gesundheit nahe. Es lässt sich wie ein Gewürz benutzen. Mehr über Stevia erfahren Sie in der Zutatenliste ab Seite 38.

Der Verzicht auf jeglichen Zucker bedeutet also nicht den grundsätzlichen Verzicht auf Süßes. Abgesehen von einigen Obstsorten, gibt es mit Stevia eine weitere praktische und gesundheitlich unbedenkliche Möglichkeit, Ihre Speisen zu süßen.

Zucker ist ein Suchtmittel, zahlreiche Untersuchungen zeigen gar, dass er ähnlich wirkt wie Opiate. Die Gier nach Zucker, eine Art psychischer Abhängigkeit, wird verstärkt durch einen stark schwankenden Insulinspiegel – verursacht durch Zucker. Da Stevia im Vergleich zu Zucker kaum nennenswerte Auswirkungen auf den Insulinspiegel hat, ist es viel leichter möglich, sich durch die Verwendung von Stevia vom Zucker zu entwöhnen.

Schritt 2: Keine Getreideprodukte.

Meiden Sie Getreide und ganz besonders weißes Mehl. Diese und alle Produkte daraus enthalten nicht nur viele Kohlenhydrate bei relativ geringem Nährstoffgehalt, sondern sind auch Ursache für viele Allergien und Autoimmunerkrankungen. Besonders Weizen ist problematisch und dementsprechend Nudeln, Brot und anderes Gebäck.

Warum? Der Mythos vom „gesunden, vollen Korn“ könnte fataler nicht sein. Getreide ist sehr reich an leicht verdaulichen Kohlenhydraten (teilweise bis zu 80%) und es ist daher geeignet, starke Schwankungen des Blutzuckerspiegels hervorzurufen (mehr dazu unter Schritt 1).

Darüber hinaus enthält Getreide sogenannte Anti-Nährstoffe, darunter Phytinsäure, Lektine und Gluten. Hierbei handelt es sich um Stoffe, die den Verdauungstrakt beeinträchtigen können oder den Nährwert anderer Nahrungsbestandteile unbrauchbar machen. Lektine und Gluten (ein spezielles Lektin) können sich an die Darmwände besonders des Dünndarms binden und diese beschädigen. Dadurch wird auch die Absorptionsfähigkeit für andere Nährstoffe beeinträchtigt, die dem Körper dadurch nicht mehr zur Verfügung stehen. Sie treten über diesen Weg auch in den Blutkreislauf ein und können weiter entfernte Organe erreichen.

Der Darm kann, vereinfacht ausgedrückt, undicht werden. Das sogenannte *Leaky-Gut-Syndrome* entsteht (zu deutsch: Sickerdarm-Syndrom). Die Lektine, die nun durch den gesamten Körper strömen, heften sich an weitere Organe und der Körper wehrt sich entsprechend dagegen. Er greift die Lektine an – und mit ihnen auch gesundes Gewebe und Organe. Auf diese Weise entstehen einige Autoimmunkrankheiten, zum Beispiel Multiple Sklerose. Auch Erkrankungen wie Arthritis, Morbus Crohn, Fibromyalgie, Reizmagen oder Schilddrüsenprobleme bringen Forscher heute mit Lektinen in Verbindung. So kann auch die Bauchspeicheldrüse bis zum Totalausfall beschädigt werden. Die Folge ist Diabetes Typ-1.

Verbreitet sind einige dieser Beschwerden besonders unter den Menschen, die unter *Zöliakie* oder auch Gluten-Unverträglichkeit leiden. Allerdings betrifft das Problem sehr viele Menschen auch ohne dieses diagnostizierte Krankheitsbild. Die Dunkelziffer ist hoch. Es sind also viel mehr Menschen betroffen, als bekannt ist, nur äußern sich die Symptome unterschiedlich stark.

Der Mensch verzehrt Getreide erst seit Beginn der Landwirtschaft vor cirka 10.000 Jahren. In Bezug auf die Evolution ist dies ein verhältnismäßig kurzer Zeitraum, der offenbar nicht ausreichend war, um den Verdauungstrakt aller Menschen gleichermaßen für den Getreideverzehr zu optimieren.

Verzichten Sie daher möglichst vollständig auf Getreide und Getreideprodukte.

Alternativen: Ein Verzicht auf Getreide bedeutet nicht zwangsläufig ein Leben ohne Brot und Kuchen. Backfähiges Mehl lässt sich aus vielen Produkten herstellen. Darunter die sogenannten Pseudogetreide wie Buchweizen oder Amarant, die nicht zu den Süßgräsern gehören und kein Gluten enthalten. Weiterhin können auch Nussmehle erfolgreich zum Backen verwendet werden.

Fest steht jedoch auch, dass es gerade das Gluten ist, das für einige wichtige Eigenschaften der bekannten Backwaren sorgt. Nicht umsonst wird Gluten auch Kleber-

Eiweiß genannt: Es hat entscheidenden Einfluss auf die Konsistenz von Teigen und ist somit direkt für den Geschmack von Brot und Kuchen mitverantwortlich. Backen ohne Gluten ist einfach nicht das Gleiche.

Wie Sie in diesem Buch sehen werden, ist es dennoch möglich, sehr schmackhafte Kuchen aus Nüssen zu backen. Die oben genannten Pseudogetreide sind noch sehr reich an Kohlenhydraten und bergen somit das Potential, Ihren Blutzuckerspiegel stark zu erhöhen. Die Nussmehle aus zum Beispiel Mandeln oder Haselnüssen sind hingegen vor allem reich an Eiweiß. Handelt es sich um nicht-entölte Mehle, sind sie auch recht fetthaltig, was den daraus gebackenen Kuchen sehr saftig macht. Mehr darüber erfahren Sie in der Zutatenliste ab Seite 38.

Schritt 3: Kein Pflanzenfett. Keine Margarine.

Verzichten Sie auf Öle wie Distel-, Sonneblumen- oder Rapsöl. Verwenden Sie stattdessen nur noch tierische Fette, Kokosfett oder Olivenöl. Auch Butter und Schweineschmalz enthalten für Ihren Körper wichtige Fettsäuren.

Warum? Pflanzenfette und Margarinen enthalten in der Regel große Mengen mehrfach ungesättigter Fettsäuren, Omega-6-Fettsäuren und oft auch Transfettsäuren („gehärtetes Fett"). Durch die weite Verbreitung von Pflanzenölen und Margarine in der heutigen Ernährung des Menschen liegt ein starker Überschuss an diesen Fettsäuren vor.

Transfettsäuren verursachen im Körper Entzündungen, erhöhen das Risiko von Herzgefäßerkrankungen und fördern die Speicherung von Körperfett. Mehrfach ungesättigte Fettsäuren neigen dazu, schnell zu oxidieren, also ranzig zu werden. Dies passiert umso schneller bei unsachgemäßer Lagerung (Licht und Wärme), wie dies im Handel oft der Fall ist. Omega-6-Fettsäuren führen im Übermaß zu Entzündungskrankheiten. Mehr über die Omega--Fettsäuren und deren Zusammenhänge erfahren Sie im Abschnitt 4 ab Seite 132.

Beschränken Sie sich daher vornehmlich auf tierische Fette wie Butter oder Schmalz. So können Sie ihre Aufnahme von Transfett- und Omega-6-Fettsäuren senken. Glücklicherweise spricht sich mittlerweile selbst in den Massenmedien herum, dass gesättigtes Fett nicht ungesund ist. Vielmehr enthält es viele wichtige Bausteine für den menschlichen Organismus.

Alternativen: Beim Verzicht auf pflanzliche Fette gibt es nur wenige Ausnahmen. Olivenöl ist in Maßen unproblematisch, da es größtenteils einfach ungesättige Fettsäuren enthält. Das Gleiche gilt für Avocados, deren cremiges Inneres sich sowohl pur genießen, als auch einfach zu Dips und Soßen verarbeiten lässt. Kokosfett ist hingegen das einzige pflanzliche Fett, das zum Großteil gesättigte Fettsäuren enthält. Es ist daher ebenfalls sehr empfehlenswert. Mehr über Kokosöl und Kokosfett erfahren Sie in der Zutatenliste ab Seite 38.

Wenn man bedenkt, dass Margarine ursprünglich als Ersatz für Butter geschaffen wurde, so liegt nahe, was die beste Alternative zu Margarine ist: Butter. Achten Sie darauf, möglichst Weidebutter zu kaufen, das heißt dass die an der Produktion beteiligten Kühe größtenteils auf Weiden stehen und frisches Gras fressen können. Die einzige weit im deutschen Handel verbreitete, reine Weidebutter ist meines Wissens nach die Marke eines irischen Herstellers mit goldfarbener Verpackung. In dieser Butter wurden signifikant höhere Mengen an Omega-3-Fettsäuren gemessen als in den übrigen Fabrikaten. Dies ist direkt auf die Grasfütterung der milchgebenden Kühe zurückzuführen.

Auch Schmalz, also das Fett von Tieren, ist eine gute Wahl, sofern die Tiere aus artgerechter Haltung stammen. Gänseschmalz ist hervorragend geeignet, um Kohlgerichte zu verfeinern, um nur eine mögliche Anwendung zu nennen. Auch das Braten in Schweine- oder Butterschmalz ist eine gute Alternative.

Das Wichtigste ist geschafft!

Wenn Sie dies einhalten, haben Sie bereits die wichtigsten Schritte auf dem Weg in ein gesundes Leben getan. Allein mit Schritt 1, dem Verzicht auf Zucker, lassen sich schätzungsweise 50 % aller ernährungsphysiologischen Probleme beheben. Sie werden und bleiben schlank ohne zu hungern und erhöhen Ihre Leistungsfähigkeit. Wenn Sie Schritt 3 erreicht haben, genießen Sie bereits etwa 80 % der Vorteile dieser Ernährung.

Zusätzlich können Sie die folgenden Schritte befolgen, um zum Beispiel noch schneller abzunehmen, Ihr Immunsystem weiter zu stärken oder sich noch besser vor Krankheiten zu schützen:

Schritt 4: Keine Fertiggerichte, kein Fast Food.

Fertiggerichte enthalten oft viel versteckten Zucker, ungesunde Fettsäuren aus pflanzlichen Fetten und künstliche Zusatzstoffe, die Ihrem Körper schaden.

Warum? Stark verarbeitete Lebensmittel wie Fertiggerichte, Fast Food oder Tütensuppen bestehen oft aus minderwertigen Zutaten und enthalten meist mehr oder weniger versteckt viel Zucker, pflanzliche Fette und künstliche Zusatzstoffe wie Glutamat, Geschmacksverstärker, Konservierungsstoffe und Aromen. Diese Stoffe sind größtenteils gesundheitlich bedenklich. Zwar werden die gesetzlichen Vorgaben zur Schadstoffbelastung in der Regel eingehalten, doch ist über die Langzeitwirkung dieser oft noch jungen Stoffe nichts bekannt. Allerdings ist nachgewiesen, dass zum Beispiel Glutamat appetitfördernd wirkt und zu überhöhter Nahrungsaufnahme führen kann. Darüber hinaus steht es unter anderem im Verdacht, in Verbindung mit einigen Süßstoffen (die sehr häufig in Kombination mit Glutamat verwendet werden) zu degenerativen Krankheiten zu führen.

Verzichten Sie daher auf stark verarbeitete Lebensmittel wie Fertiggerichte und Fast Food. Sie entfernen so viele Giftstoffe aus ihrer Ernährung.

Schritt 5: Mäßigen Sie Ihren Obstverzehr.

Essen Sie Obst. Es ist gesund und lecker. Aber essen Sie es in Maßen. Einige Obstsorten enthalten viel Zucker. Ein halber Apfel entspricht bereits ungefähr einem gehäuften Teelöffel Tafelzucker, das sind cirka 10 Gramm. Ziehen Sie Beeren vor.

Warum? Obst enthält durchaus viele Vitamine. Dies ist jedoch kein Grund, seine gesamte Ernährung allein auf Obst umzustellen. Denn Obst enthält ebenfalls Zucker, unter anderem in Form von Fruktose. Zwar wird durch die im unbehandelten Obst enthaltenen Fasern die Aufnahme des Zuckers in das Blut verlangsamt (siehe auch Schritt 1). Dennoch sind die Zuckermengen in den heute erhältlichen Obstsorten oft sehr groß. Ein weiteres Beispiel: Zehn handelsübliche Weintrauben enthalten umgerechnet etwa einen gehäuften Teelöffel Zucker.

In den westlich geprägten Industrienationen hat der Mensch heute das ganze Jahr Zugriff auf fast alle Obstsorten. Dadurch steigt auch die Menge des verzehrten Zuckers. Es ist daher wichtig, den Obstverzehr im Auge zu behalten. Konzentrieren Sie sich außerdem eher auf Beeren wie Heidelbeeren oder Erdbeeren, denn diese enthalten meist verhältnismäßig wenig Zucker.

Schritt 6: Keine Milch, keine Milchprodukte.

Wenn Sie sich weitere Fortschritte wünschen, können Sie Folgendes ausprobieren: Verzichten Sie auf Milch und meiden Sie Milchprodukte. Auch diese können Ursache für Gewichtszunahme, Allergien und Autoimmunerkrankungen sein.

Warum? Milch von Kühen enthält verschiedenste Stoffe, für deren Verdauung der menschliche Organismus bis heute nicht optimal ausgelegt ist. Am bekanntesten ist die *Laktoseunverträglichkeit*, die besonders außerhalb Europas recht verbreitet ist. Unter den weiteren Stoffen in der Milch befinden sich tierische Hormone (ganz unabhängig von der Ernährung und Behandlung der Tiere), die den Aufbau von Körperfett begünstigen. Werden die Tiere mit Getreide gefüttert, was in der konventionellen Tierhaltung üblich ist, gelangen auch Gluten und Lektine (siehe auch Schritt 2) in die Milch. Ähnlich wie Getreide wird auch Tiermilch von den Menschen erst seit relativ kurzer Zeit verzehrt, nämlich seit höchstens 10.000 Jahren.

In der Steinzeiternährung ist der Verzicht auf Milch der wohl umstrittenste Punkt. Während viele Menschen Milch ganz ohne Nebenwirkungen vertragen, kann der Verzicht darauf oft Probleme wie Akne, Übergewicht, Magen-Darm-Probleme und viele Allergien und Autoimmunerkrankungen beseitigen. Wenn Sie gesundheitliche Probleme haben oder Schwierigkeiten mit dem Abnehmen, ist es gut möglich, dass der Verzicht auf Milch und Milchprodukte ihnen hilft. Probieren geht hier über Studieren!

Generell ist Milch im Rahmen gesunder Ernährung ein sehr kontrovers diskutiertes Thema, wie sich nicht nur an der Länge dieses Textabschnitts ablesen lässt. Zusammenfassend lässt sich sagen, dass viele Argumente für und ebenso viele gegen den Verzehr von Milch und Milchprodukten sprechen. Stark abhängig ist der tatsächliche Effekt auch von der Qualität und natürlich den verzehrten Mengen.

Fakt ist: Milch und die daraus gewonnenen Produkte haben einen festen Platz sowohl in der Ernährung, als auch in der Kultur der Menschen eingenommen. Denken Sie allein an die unüberschaubare Breite der verschiedenen Käsesorten. Ein ganzes Handwerk, beinahe ein Kunsthandwerk hat sich um die Herstellung entwickelt, es handelt sich um ein Genussmittel, das ähnlich wie Wein über viele Jahrhunderte verfeinert und perfektioniert wurde.

Gehören Milchprodukte in die Ernährung des Menschen? Ich mag dies nicht entscheiden und gehe an die Beurteilung eher pragmatisch heran. Wer Milchprodukte nicht mag, soll sie nicht konsumieren. Wer sie mag, soll zwei Monate gänzlich auf sie verzichten um zu prüfen, ob er irgendwelche gesundheitlichen Verbesserungen feststellen kann. Dies erfolgt am besten im Frühling, zur Heuschnupfenzeit, denn Milchprodukte stehen im Verdacht, Allergien wie diese zu verursachen. So ist nicht ausgeschlossen, dass sich allein durch den konsequenten Verzicht auf milchhaltige Lebensmittel viele Allergien heilen lassen. Einen Versuch ist es wert! Stellt sich nach einer solchen Testphase keine Veränderung ein und besteht weiterhin das Verlangen nach Milchprodukten, so denke ich, dass der Konsum durchaus vertretbar ist. In aller Deutlichkeit ist hier jedoch hervorzuheben, dass hochwertige Produkte vorzuziehen sind, das heißt ausschließlich Produkte auf Basis von reiner Weidemilch. Die Art der Fütterung hat einen direkten Einfluss nicht nur auf den Geschmack, sondern auch die Zusammensetzung der Milch. Dies bedeutet abermals die Meidung des Supermarkts und besonders der Discounter, denn diese führen meist nur Ware aus billiger Milch fraglicher Herkunft.

Alternativen: Mandelmilch und Kokosmilch sind prinzipiell natürlich nicht mit echter Milch zu vergleichen, eignen sich aber dennoch gut als Alternativen. Sowohl zum Backen als auch für den puren Verzehr stellen sie erfrischende Alternativen dar und sie lassen sich in vielen Fällen als Ersatz für herkömmliche Milch einsetzen. Besonders in süßen Desserts brauchen sie sich kaum zu verstecken. Allerdings legt Kokosmilch in der Regel lange Transportwege nach Mitteleuropa zurück. Unter dem Aspekt der Nachhaltigkeit stellt dies einen Kompromiss dar. Ob dies dem gelegentlichen Verzehr im Wege stehen sollte, kann nur jeder für sich selbst entscheiden. Mehr über Mandelmilch und Kokosmilch erfahren Sie in der Zutatenliste ab Seite 38.

Schritt 7: Omega-3-Fettsäuren

Seien Sie vorsichtig beim Verzehr mehrfach ungesättigter Fettsäuren. Achten Sie auf ihr Omega-3-zu-Omega-6-Fettsäuren-Verhältnis, indem Sie hochwertige Tierprodukte essen und versteckte Pflanzenöle meiden.

Warum? Durch die weite Verbreitung von Pflanzenölen und Margarine in der heutigen Ernährung des Menschen liegt ein starkes Ungleichgewicht zwischen Omega-6- und Omega-3-Fettsäuren vor. Mit anderen Worten: Der Mensch verzehrt zu viel O6- und zu wenig O3-Fettsäuren. Dies ist sehr ungesund und hat weitreichende, negative Folgen für die Gesundheit. So kommt es zu einer größeren Anfälligkeit für Entzündungen, Insulinresistenzen und andere Beschwerden. Indem Sie, wie in Schritt 3 beschrieben, kein Pflanzenfett mehr verwenden und stattdessen gesättigte, tierische Fette wie

Schweineschmalz oder Butter verwenden, können Sie Ihre Aufnahme von O6-Fettsäuren senken. Indem Sie mehr Fisch essen, nur Rindfleisch aus Weidehaltung und biologisch hochwertig erzeugte Tierprodukte, können Sie zugleich ihre O3-Fettzufuhr erhöhen. Zusätzlich kann es sinnvoll sein, hochwertige Fischölpräparate einzunehmen, besonders um spezifische gesundheitliche Beschwerden wie verschiedenste Entzündungen (zum Beispiel Rheuma usw.) zu kurieren.

Mehr über Omega-6- und Omega-3-Fettsäuren und deren Zusammenhänge erfahren Sie ab Seite 132.

Eines nach dem Anderen

Denken Sie daran: Jede Veränderung kann schritt- und stückweise erfolgen. Wenn Ihnen die sieben beschriebenen Schritte überwältigend vorkommen, dann versuchen Sie es zunächst mit den ersten drei. Oder vielleicht nur mit dem Ersten. Fest steht, dass jeder Schritt Sie in ein gesünderes Leben führt.

Eine Frage des Geschmacks

Der Mensch ist ein Gewohnheitstier. Nicht nur das: Seine Sinne passen sich unterschiedlich schnell an. Wer aus einem dunklen Zimmer hinaus in die Sonne tritt, reibt sich nur kurz die Augen, bis diese sich an das Licht gewöhnt haben. Für die Umgewöhnung an eine andere Luft benötigt die Nase schon etwas länger. Der Geschmackssinn ist einer der komplexesten Sinne, über die der Mensch verfügt. Es dauert tatsächlich zwei bis drei Wochen, bis die meisten Menschen sich an den Geschmack von etwas Neuem gewöhnt haben. Sei es der Umstieg von Fruchtsaft auf Wasser oder von Margarine auf Butter: Wichtig ist, sich und seinen Sinnen Zeit zu geben. Ein ungewohnter Geschmack muss nichts schlechtes sein, oft stellt er viel mehr eine Erweiterung des Wahrnehmungshorizonts dar. Wer seinen Zuckerkonsum reduziert, wird oft schon nach zwei bis drei Wochen feststellen, dass ihm die Dinge, die er zuvor mochte, nun viel zu süß sind. Im Rahmen einer Ernährungsumstellung ist es normal, auf solche Ereignisse zu stoßen. Es liegt im Ermessen jedes Einzelnen, zu entscheiden, ob ihm oder ihr eine Veränderung wichtig ist. Dabei geht es nicht darum, sich anzugewöhnen, Dinge zu essen, die man nicht mag. Vielmehr sollten Blick und Vorstellungskraft jenseits des berühmten ersten Eindrucks schweifen und den Sinnen Zeit gegeben werden, zu prüfen, ob sie nicht doch Gefallen an etwas Neuem Finden. Mit anderen Worten: Seien Sie offen für Veränderungen!

geschmack

Der Geschmack ist der Aspekt des Urgeschmack-Gedankens, bei dem die weiter oben beschriebene Symbiose am deutlichsten wird. Es hat sich herumgesprochen, dass man Qualität schmecken kann. Minderwertig erzeugtes Gemüse schmeckt lange nicht so gut wie hochwertige, frische Ware. Damit Supermärkte Ihnen zu jeder Jahres- und Tageszeit Obst und Gemüse verkaufen können, muss dieses teilweise um die halbe Welt transportiert werden. Es liegt in der Natur der Sache, dass Sie diese Ware nach so langem Transport niemals frisch erhalten können. Vor und während des Transports wird sie daher oft mit Chemikalien behandelt, um zumindest ein halbwegs frisches und appetitliches Aussehen zu erhalten. Daraus resultiert eine erhöhte Schadstoffbelastung dieser Lebensmittel. Hinzu kommt, dass schon bei der Erzeugung mit vielen Tricks gearbeitet wird, um das Wachstum zu beschleunigen. Die Folge sind die berühmten Wassertomaten und viele andere geschmacksbefreite Gemüse.

Auch würden viele Obstsorten während des Transports verderben, würden sie reif gepflückt. Dieses Problem löst die Nahrungsmittelindustrie, indem sie die Ware lange vor der Reife pflückt und während des Transports und im Supermarkt reifen lässt. Für einige wenige Produkte funktioniert dies auch. Doch in vielen Fällen stellt sich eine natürlich Reife auf diesem Wege nicht ein. Die Folge ist auch hier ein mangelhafter Geschmack.

Es zeigt sich also, dass die größte Wahrscheinlichkeit für besten Geschmack dann besteht, wenn Sie möglichst nah an die Quelle gehen und Ihre Lebensmittel aus der Region beziehen. So können Sie davon ausgehen, dass zwischen der Ernte auf dem Feld und dem Eintreffen in Ihrer Küche die kürzestmögliche Zeit vergangen ist und Sie sich an einem Produkt höchster Qualität erfreuen.

Natürlich hat dies alles auch direkten Einfluss auf die Gesundheit. Wenn Sie regionale Ware kaufen, können Sie damit die konservierungs- und schadstoffbelasteten Produkte umgehen. Ihr Körper ist in der Folge weniger Zusatzstoffen ausgesetzt. Hinzu kommt, dass frische Lebensmittel wesentlich mehr Nährstoffe wie Vitamine und Mineralien enthalten. Dies trägt zusätzlich zu Ihrer Gesundheit bei.

Die Logistik der großen Supermarktketten verhindert in der Regel, dass diese ihre Ware von regionalen Erzeugern beziehen. Selbst wenn zum Beispiel direkt in Ihrer Region ein großer Gemüseproduzent sitzt, der alle Supermärkte im Umkreis versorgen könnte, nimmt dessen Ware oft den Umweg über ein Logistikzentrum und legt so viele hundert Kilometer zurück, bis Sie im Supermarkt bei Ihnen um die Ecke landet. Die Folge ist verlorene Zeit und damit Frische, eine erhöhte Umweltbelastung durch den Transport und letztlich auch ein höherer Preis der für diesen Umweg anfällt.

In der Regel werden Sie die beste Ware daher selten in Supermärkten finden. Versuchen Sie stattdessen, einen regelmäßigen Besuch auf dem Wochenmarkt zu Ihrer Gewohnheit zu machen. Auch dort gibt es zwar oft reine Händler, die ihre Ware aus ähnlichen Quellen wie die Supermärkte beziehen. In der Regel gibt es allerdings wenigstens zwei oder drei Erzeuger aus der Region, die frische und hochwertige Ware anbieten. Oft sind diese auch einem der Bio-Verbände angeschlossen. Diese Produzenten freuen sich, Ihnen auch nähere Auskünfte über die Entstehung und mögliche Verarbeitung ihrer Produkte zu erteilen.

In vielen Regionen und Städten gibt es auch sogenannte Gemüse-Abonnements: Bei diesem, oft auch *Gemüsekiste* genannten System, zahlen Sie einen regelmäßigen Betrag an einen Anbieter, der Ihnen dafür jede Woche eine Kiste frischen Gemüses vor die Tür stellt. In einigen Fällen können Sie diese Kiste auch selbst von einem Sammelort abholen. Sie können bei Teilnahme an solch einem Abo auch bestimmte Gemüse ausschließen, die Sie grundsätzlich nicht mögen. Und selbstverständlich ist oft auch Obst Teil dieser Vereinbarungen.

Sollten Sie wirklich auf einen Supermarkt zur Beschaffung ihrer Lebensmittel angewiesen sein, so versuchen Sie darauf zu achten, dass die Ware möglichst kurze Wege hinter sich hat. Die Auszeichnung der Warenherkunft hat sich mittlerweile durchgesetzt und so können Sie die inländische Ware gut erkennen. Es macht durchaus Sinn, nahe der Landesgrenzen auch zu Ware aus den Nachbarländern zu greifen.

Diese nähere Beschäftigung mit der Herkunft und Erzeugung Ihrer Nahrungsmittel stärkt Ihre Verbindung zu Ihrem Essen. Sie wirken damit der Entfremdung der Menschen von ihrer Nahrung entgegen, die die Industrialisierung der Lebensmittelproduktion mit sich gebracht hat. Dies ist wichtig für ein gesundes Verhältnis zur Natur und besonders zu sich selbst. Erinnern Sie sich immer daran: Essen ist eine sehr intime Angelegenheit von höchster Wichtigkeit für Sie und Ihren Körper.

nachhaltigkeit

Auch wenn selbst dieser Begriff durch Überstrapazierung in den letzten Jahren an Präzision eingebüßt hat, nutze ich ihn konsequent. Nachhaltigkeit in der Lebensmittelerzeugung bedeutet für mich nichts anderes als ein natur- und artgerechter Umgang mit Natur und Tieren. Das hat zunächst einmal nicht das Geringste mit irgendwelchen „Bio"-Siegeln zu tun. Zahlreiche Verbände schreiben sich das Wort „Bio" groß auf die Fahne und erlauben so Landwirten eine Vermarktung zu höheren Preisen, weil sie anspruchsvolleren ökologischen Standards entsprechen. Ich halte jedes Engagement für die Umwelt für begrüßenswert. Jedoch muss hier erwähnt werden, dass die Vergrößerung des Auslaufs für eine Legehenne von einem viertel auf einen halben Quadratmeter zwar eine Verbesserung darstellt, jedoch beileibe keine artgerechte Haltung ist. Verstehen Sie mich nicht falsch: Ich begrüße die Arbeit dieser Verbände. Doch sie geht nicht weit genug und ist alles andere als das Maß der Dinge wenn es um Tierschutz geht. Die Gründe dafür liegen natürlich auch in den wirtschaftlichen Interessen solcher Zusammenschlüsse, denn letztlich ist ein Bio-Siegel oft nichts anderes mehr als ein Verkaufsargument.

Nachhaltigkeit bedeutet für mich die Prüfung sämtlicher Produktionsumstände nicht nur in Bezug auf die Gesundheit des Menschen, sondern der biologischen Auswirkung im Allgemeinen. Warum kann ein aus Neuseeland nach Deutschland importierter Apfel ein Bio-Siegel erhalten? Dieses Obst wächst ebenso gut bei uns und der Transport über mehrere Tausend Kilometer mit Hilfe fossiler Brennstoffe ist keinesfalls ökologisch sinnvoll.

Nachhaltigkeit bedeutet für mich auch die Prüfung der Frage, ob eine Produktionsmethode so auch in 500 Jahren noch mit großer Wahrscheinlichkeit durchführbar ist. Da die industrielle Landwirtschaft derzeit sowohl beim Transport (Benzin) als auch bei der Produktion (synthetische Düngemittel) stark von fossilen Brennstoffen und deren Verbrennung bei gleichzeitiger Schädigung unserer Böden abhängig ist, lässt sich mit Sicherheit sagen, dass sie nicht nachhaltig ist.

Nachhaltigkeit wäre auch die Abschaffung jeglicher Subventionen, denn diese stellen per Definition das Gegenteil von Nachhaltigkeit dar.

Die Folge von Nachhaltigkeit in der Lebensmittelproduktion sind höhere Preise, da besteht kein Zweifel. Dabei sollten wir uns jedoch vor Augen halten, dass das, was derzeit in deutschen Supermärkten bezahlt wird, absolute Fantasiepreise sind, die mit dem tatsächlichen Wert der Ware und ihrer Produktion nichts zu tun haben. Milch- und Fleischproduktion werden in diesem Land extrem subventioniert. Dass Sie als Verbraucher den Preis nicht im Supermarkt zahlen, bedeutet nicht, dass er nicht aus Steuergeldern finanziert und, viel schlimmer, von gequälten Tieren und zerstörten Böden getragen wird. Die Transporte der Waren finden zum Beispiel über das aus Steuergeldern finanzierte und gewartete Straßennetz statt. *Externalisierung von Kosten* nennt sich dieser Vorgang. Der tatsächliche Preis eines Produkts wird nicht allein an der Supermarktkasse bezahlt, sondern über die gesamte Wertschöpfungskette umgelegt auf andere, externe Posten wie Umweltverschmutzung, Arbeitsbedingungen, gesundheitliche Folgen, staatliche Förderungen und so weiter.

Unterm Strich kann man sagen, dass eine nachhaltige Lebensmittelversorgung auf Lebensmitteln basiert, die in der eigenen Region und der Saison entsprechend produziert wurden. Sofern der wesentliche Bestandteil unserer Ernährung so erzeugt wird, kann man von Nachhaltigkeit sprechen. Wird dies zum Großteil beachtet, ist es weitaus weniger problematisch, wenn hier und da ein paar Bananen aus Südafrika oder Kokosnüsse aus Thailand im Einkaufskorb landen.

Eine Frage der Verhältnismässigkeit

Ganz klar, man läuft immer wieder Lebensmitteln über den Weg, die sich gar nicht oder nur schlecht aus regionaler und nachhaltiger Erzeugung beziehen lassen. Wer Bananen liebt, wird um Importe kaum herum kommen. Denken Sie daran: Wenn sich die Importe der Verbraucher auf die rein exklusiven Güter beschränken würden, die wirklich nicht in unseren Breitengraden erzeugt werden können, wäre schon viel gewonnen.

Wenn Sie diesem Aspekt der Nachhaltigkeit vielleicht nicht bedingungslos und absolut konsequent zu folgen bereit sind oder folgen können, heißt das nicht, dass Sie es nicht in anderen Bereichen versuchen können und trotzdem etwas Positives bewirken. Es ist zum Beispiel angesichts hervorragender deutscher Züchtungen und Erträge nicht nötig, Äpfel aus Neuseeland zu importieren.

urgeschmack-geschichte

Die Geschichte von Urgeschmack begann mit einem großen Verlust. Über 20 kg überflüssiges Körperfett nahm ich innerhalb von 9 Monaten ab, nachdem ich meine Ernährung umgestellt habe. Wie kam es dazu?

Ausgangspunkt ist keine ungewöhnliche Situation. Ich war nie wirklich dick. Auch als ich begann, als Entwickler von Videospielen zu arbeiten, änderte sich dies nicht. Doch mit der beruflichen Veränderung immer mehr hin zu leitenden Positionen, veränderte sich auch mein Privatleben, der Stress wuchs, die Sorgfalt litt. Glücklicherweise blickte ich irgendwann zwischendurch doch mal mit vollem Bewusstsein in einen Spiegel und erschrak ob meines äußerlichen Zustands. Nach wie vor konnte man mich nicht als dick bezeichnen, ich selbst würde es aber aufgedunsen nennen. Der Blick auf die Waage bestätigte, dass sich doch 10 kg dazu gesellt hatten – bei meiner Körpergröße verteilen die sich zwar gut, erwünscht waren sie jedoch trotzdem nicht.

Es folgte eine beinahe als klassisch zu bezeichnende Ernährungsumstellung auf das, was die Volksweisheit empfiehlt: Vollkornbrot, wenig Fett, weniger Fleisch. Schnell stellte sich heraus, dass das nicht funktioniert – natürlich nicht, wie ich heute weiß. Damals war es mein Bruder, der mich über eine angemessene Ernährung aufklärte, mir die Zusammenhänge zwischen Kohlenhydraten, Blutzucker, Insulin und Fett erklärte und mir so den Schlüssel zum Erfolg in die Hand legte.

Nachdem ich das Material zu den ernährungswissenschaftlichen Grundlagen eingehend studiert hatte, machten die Zusammenhänge zwischen Eiweiß, Kohlenhydraten und Fett auf der einen und den Hormonen wie Insulin, Hungergefühlen und generellen Auswirkungen auf meinen Körper auf der anderen Seite endlich Sinn. Und so begann ich, mich gemäß dieses neu gewonnen Wissens zu ernähren: Viel weniger Kohlenhydrate, ausreichende Mengen Eiweiß und keine Angst vor dem Fett. Der Erfolg ließ nicht lange auf sich warten und er ist zu Beginn dieses Kapitels bereits umschrieben: In den folgenden neun Monaten nahm ich über 20 kg Körperfett ab. Die mehrfache Änderung der Kleidungsgrößen nahm ich dabei gerne in Kauf. Aufmerksame Leser fragen sich nun vielleicht, ob das nicht vielleicht 10 kg zu viel waren, da zuvor von lediglich 10 kg

Zunahme die Rede war. Doch überflüssiges Körperfett muss nicht immer in Beulen und Falten am Körper sichtbar sein und so war durchaus noch Spielraum für weitere 10 kg Abnahme.

Begeistert von meinem Erfolg fragten mich viele Bekannte und Kollegen nach meinem „Geheimnis“, welches ich auch sehr gern teilte. Da jedoch die Reduktion des Kohlenhydratverzehrs dem verbreiteten Glauben zuwider läuft und ich mit den Auswirkungen auf die Hormone weit mehr zu vermitteln hatte als einen Aberglauben wie „Zitronensaft löst fett, also muss man viel Zitronen essen“, war dieses reine Weitersagen selten von Erfolg gekrönt. Die größte verbleibende Frage war immer „Wie sieht denn so dein Essen aus?“ Und so fasste ich den Entschluss, möglichst vielen Menschen zu helfen, indem ich eine Internetseite aufbaue, auf der ich die Informationen zu dieser Ernährung, vor allem aber die konkreten Rezepte mit Fotos kostenlos zur Verfügung stelle. So setzte ich mich in meiner Freizeit an den Rechner, schrieb, kochte und fotografierte und begann, ohne es zu wissen, eine lange Reise.

Und diese Reise ist noch nicht zu Ende. Meinen stressigen Job in der Spielebranche habe ich längst aufgegeben und verdiene mein Geld stattdessen als freier Künstler. Auch Jahre später hat sich dies als eine weitere gute Entscheidung für einen gesunden Lebensstil herausgestellt. Die Arbeit an Urgeschmack bleibt ein Hobby.

Die im Februar 2009 gestartete Internetseite ist nach mittlerweile über zwei Jahren genau das **www.urgeschmack.de** geworden, das Sie heute sehen können: Es hat einige Zeit gedauert, die optimale inhaltliche Linie zu finden. Ich selbst bin dem teils engen Korsett der Zone-Diät nicht lange treu geblieben und stattdessen konsequent auf eine naturbasierte Ernährung umgestiegen. Ob es nun Paleo- oder Paläo-Diät oder gar Steinzeiternährung genannt wird: Das zugrundeliegende Konzept der evolutionären Betrachtung ist stimmig und, viel wichtiger, es funktioniert. Dementsprechend geht es bei Urgeschmack heute im Kern um die Themen Geschmack, Gesundheit und Nachhaltigkeit in Verbindung mit einfachem Essen.

Das Design der Website habe ich über die Jahre immer weiter verfeinert und auch wenn ich heute recht zufrieden damit bin, so gibt es doch immer wieder Details, die ich auch aus technischen Gründen verändere.

In der Zwischenzeit habe ich zwei Kochbücher veröffentlicht, die auf der täglichen Arbeit für Urgeschmack basieren. Das dritte liegt nun vor Ihnen. Nur wenige Menschen haben in der Küche einen Computer stehen, auf dem sie Ihre Rezepte anzeigen können. Und so ein richtiges Buch ist einfach durch nichts zu ersetzen.

Urgeschmack erfreut sich wachsender Beliebtheit und stets steigender Besucherzahlen – und das freut mich, denn es zeigt, dass diese Art der Ernährung Verbreitung findet. Das wiederum hilft uns allen. Denn je mehr echte Lebensmittel nachgefragt werden, desto mehr werden auch wieder ihren Weg auf die Theken des Handels finden und umso stärker werden nachhaltige Erzeugungsmethoden belohnt.

Mein Wunsch ist, dass Urgeschmack möglichst vielen Menschen hilft, sich bewusster zu ernähren, ihr Essen mehr zu genießen und gesünder und glücklicher zu werden.

Anleitung zum Abnehmen

Der Grund dafür, dass mir das Abnehmen von 20 kg Körperfett so leicht gefallen ist, liegt in der Einfachheit dieser Ernährungsform: Einfach nur natürlich essen. Aber auch die Motivation ist ein entscheidender Punkt. Denn das, was oft Disziplin genannt wird, ist letztlich nichts anderes als Selbstmotivation. Nur wenn Sie selbst etwas ändern wollen und ein festes Ziel haben, können Sie dieses auch erreichen. Und das Ziel sollte so konkret wie möglich sein. Stellen Sie sich das Endergebnis vor und denken Sie darüber nach, wie viel Freude es Ihnen bereiten wird. Alles Weitere ist dann in der Regel nur noch eine Frage der Konsequenz. Denn mit Urgeschmack müssen Sie keinen Hunger leiden. In der Tat verzichten Sie zwar auf Zucker und viele gewohnte und vielleicht auch liebgewonnene Leckereien auf Getreidebasis. Doch für diese gibt es in diesem Buch zahlreiche Alternativen auch für die größten Naschkatzen. Solange Sie keinen Zucker essen und sich auf natürliche Lebensmittel beschränken und vernünftige Mengen zu sich nehmen, sollte ein Verlust von Körperfett, falls gewünscht, wie von selbst folgen. Dies gilt besonders für starkes Übergewicht. Denn die berühmten „letzten 5 kg“ stellen auch die ausdauerndsten Sportler immer wieder vor eine harte Probe. Solange Sie aber nicht vorhaben, ein Mager-Model zu werden, sollte Ihnen dies keine Sorge bereiten.

Das Leben ist zu kurz, um sich Genüsse vorzuenthalten. Das bedeutet jedoch nicht, dass man ein ungesundes Leben führen muss. Genuss und Gesundheit schließen sich nicht aus. Urgeschmack zeigt, dass das Gegenteil der Fall ist und dass Gesundheit, Genuss und Nachhaltigkeit miteinander einhergehen.

Sport ist sicherlich selten schädlich. Doch solange durch eine Ernährungsumstellung nicht die Weichen gestellt werden, kann meist auch körperliche Betätigung zu keinen großen Fortschritten verhelfen.

Herausforderung: Nur 30 Tage

Im englischen Sprachraum hat sich der Begriff *30-day-paleo-challenge* (wörtlich: *30-Tage-Paläo-Herausforderung*) für einen Einstieg in die Steinzeiternährung etabliert. Auch der Umstieg von einer teilweisen zu einer absolut konsequenten Ernährung nach der Paläo-Diät wird damit oft umgesetzt.

Die Herausforderung

Ernähren Sie sich 30 Tage lang konsequent nach den Richtlinien der Steinzeiternährung. Dabei handelt es sich um jene 7 Schritte, die auch weiter oben in den Urgeschmack-Ernährungsgrundsätzen beschrieben werden. Gemeint ist dabei eine 100% konsequente Umsetzung dieser Punkte. Jede Abweichung „kostet" einen Punkt am jeweiligen Tag. Jeden Tag stehen sieben Punkte zur Verfügung. Verzehren Sie an einem Tag ein Milchprodukt, bekommen Sie einen Punkt abgezogen, verdienen an diesem Tag also nur sechs Punkte.

Was haben Sie davon?

Punkte hin oder her: Im Kern steht der Gedanke, dieser Ernährung für 30 Tage, also einen Monat, die Chance zu geben, Ihnen zu besserer Gesundheit, Leistungsfähigkeit und Aussehen zu verhelfen. Bei dieser Herausforderung haben Sie nichts zu verlieren (außer überflüssigen Pfunden), jedoch eine Menge zu gewinnen. Wenn Sie dies im Wettbewerb mit Bekannten oder Familienmitgliedern machen und so täglich und natürlich am Ende der Laufzeit ihre Punktzahlen vergleichen, könnte dies eine zusätzliche Motivation darstellen.

Rezepte

Dieses Buch bietet Ihnen genügend Rezepte, um während dieser 30 Tage jeden Tag etwas anderes zu essen – und wenn Sie noch mehr Abwechslung suchen, dann schauen Sie sich doch die Rezepte in meinem anderen Kochbuch *Das Urgeschmack-Dessertbuch: Natürlich gesund genießen (ISBN* 978-3-8482-0621-6*)* an. Es ist eine optimale Ergänzung zu diesem Kochbuch. Oder Sie schauen im Internet auf **www.urgeschmack.de** nach, wo sie frei zugänglich eine Sammlung von hunderten meiner Rezepte finden, die regelmäßig erweitert wird.

Kapitel 2 – Die Praxis

Jeder kann kochen, Zutaten und Werkzeuge

„Jeder kann kochen!" – Jamie Oliver und Auguste Gusteau wissen dies und scheuen sich auch nicht, es kundzutun. Wenn der Gaumen bis zur Glückseligkeit entzückt wird, mag die Kunst des Kochens auch dem erfahrensten Gourmet manchmal wie Magie vorkommen. Das hat Kunst so an sich. Doch wie so oft in den Künsten, so besteht auch das Kochen zu einem guten Teil aus Handwerk, und dies kann tatsächlich jeder erlernen.

In den Urgeschmack-TV Episoden pflege ich gelegentlich zu sagen: „Einfach warm machen!" Damit möchte ich denjenigen Zuschauern die Scheu nehmen, die aus irgendwelchen Gründen glauben, auf gar keinen Fall kochen zu können. Wer sich erfolgreich Salz auf ein Frühstücksei streuen kann, erbringt damit den Beweis, dass er über die wichtigste der zum Kochen benötigten Fähigkeiten verfügt: Geschmackssinn. Denn natürlich geht es beim Essen um Geschmack. Das verdeutlicht auch, dass selbst der beste Koch keine Mahlzeit zubereiten kann, die allen Menschen schmeckt. Denn die Geschmäcker sind verschieden. Wirklich wichtig ist daher zunächst nur, den eigenen Geschmack befriedigen zu können. Die Verwendung von Gewürzen ist dazu eine der am weitesten verbreiteten und zugleich auch einfachsten Methoden.

In diesem Zusammenhang wirkt es verwunderlich, wenn in den zahlreichen Fernsehsendungen die agierenden Hobbyköche während der gesamten (ausgestrahlten) Zubereitungszeit nicht ein einziges Mal ihr Essen probieren. Denn eines ist klar: Wer sein Essen nicht abschmeckt, das heißt während der Zubereitung vorsichtig und sorgfältig würzt, der darf sich nicht wundern, wenn es ihm hinterher nicht schmecken mag. Selbstverständlich lässt sich mit etwas Erfahrung auch allein bei Gewürzdosierung per Augenmaß ein akzeptables und teils gutes Ergebnis erreichen. Doch natürliche Lebensmittel unterscheiden sich in Größe und Eigenschaften zu stark, als dass es eine universelle, stets gültige Gewürzmenge zum perfekten Geschmack geben könnte. Dass auch zahlreiche professionelle Köche dies gerne missachten, mag seine Ursache in Bequemlichkeit oder mangelndem Berufsethos haben. Die große Zahl bestenfalls als mittelmäßig zu bezeichnender Restaurants ist jedenfalls Zeugnis dieses traurigen Umstands. Wenn dann noch, wie so oft, fertige Gewürzmischungen, Glutamat und ähnliche Geschmacksverstärker den kulinarischen Horizont dieser Menschen markieren, dann sollte dies auch für den küchenscheuesten Menschen ausreichend Motivation sein, die Essenszubereitung selbst zu übernehmen.

ZUTATEN

Im Rahmen dieses Buchs werden einige Zutaten verwendet, die für Sie vielleicht neu sind. Hierbei handelt es sich größtenteils um Alternativen zu Zutaten, die sich ungünstig auf die Gesundheit auswirken. Um Ihnen das Verständnis für diese vielleicht ungewohnten Lebensmittel zu erleichtern gebe ich Ihnen auf diesen Seiten eine ausführliche Beschreibung ihrer Eigenschaften.

Beziehen können Sie diese Zutaten sehr einfach über das Internet. Unter **www.urgeschmack.de/bezugsquellen** habe ich für Sie eine Liste von Internetshops eingerichtet, von denen ich seit Jahren meine Ware beziehe. Sie liefern konsistent hohe Qualität zu fairen Preisen und anders als in einem gedruckten Buch kann diese Liste im Internet stets aktualisiert werden.

Kakaopulver Aus einer Vielfalt von Kakaobohnen und Verarbeitungsverfahren stammen handelsübliche Kakaopulver in unterschiedlicher Qualität. Dies wirkt sich wesentlich auf den Geschmack aus und es überrascht kaum, dass die billigsten Kakaopulver meist den schlechtesten Geschmack aufweisen. In regulären Supermärkten ist wohlschmeckendes Kakaopulver kaum zu bekommen. Oft werden im Rahmen des sogenannten *dutching* Stoffe wie Natriumcarbonat hinzugefügt, wodurch Einfluss auf den Geschmack und auch die Backeigenschaften genommen wird. Dies ist nicht nötig, dennoch sind Kakaopulver, die diese Behandlung nicht erfahren haben, fast nur über spezialisierte Händler oder das Internet zu bekommen. Ich persönlich ziehe die unbehandelte Ware auch geschmacklich vor und die Rezepte in diesem Buch wurden mit unbehandeltem Kakaopulver entworfen. Jedoch funktionieren sie prinzipiell auch mit anderem Kakaopulver.

Kokosfett Mit einem Schmelzpunkt bei cirka 23°-26° C, wird Kokosfett in unseren Breitengraden meist nur im Sommer zu Öl. Aufgrund der hohen Hitzestabilität kann dieses Fett zum Braten auch bei höchsten Temperaturen verwendet werden. Wichtig ist auch hier, ein möglichst unbehandeltes Produkt zu wählen. Dazu gehören unter anderem viele der kaltgepressten Öle, die Bezeichnungen *native* und *virgin* sind hier recht zuverlässige Qualitätsindikatoren. Kokosöl ist nicht das gleiche wie Palmöl oder -fett, denn dies stammt beinahe ausnahmslos von Ölplamen aus gewaltigen Monokulturen, für deren Anbau ganze Regenwälder abgeholzt werden. Greifen Sie daher stets zu (Bio-)Kokosfett aus nachhaltiger Erzeugung.

Kokosmilch Die Flüssigkeit im Inneren von Kokosnüssen ist nicht etwa Kokosmilch, sondern Kokoswasser: Eine sehr nährstoffreiche Flüssigkeit, die sich exzellent zur Rehydrierung eignet und so zum Beispiel besonders auch für Sportler sehr zu empfehlen ist. Es gibt sogar Berichte aus Krisenregionen, in denen Kokoswasser erfolgreich von Ärzten intravenös verabreicht wurde.

Kokosmilch hingegen wird hergestellt, indem das Kokosfleisch zerkleinert oder püriert, dann mit Wasser erhitzt und anschließend durch ein Tuch gepresst wird. Das so entstandene Produkt schmeckt stark nach Kokosnuss und hat ein sehr angenehmes, frisches Aroma, das die Milch sehr vielseitig verwendbar macht, ob im Kaffee, als Soßenbasis oder für Desserts. Ihr Fettgehalt liegt in der Regel um 18 %, somit kann sie beinahe auch als Sahne verwendet werden, steif schlagen lässt sie sich pur jedoch nicht. Um dies doch zu ermöglichen gibt es jedoch einen Trick: Wenn Sie die Milch für ein oder zwei Tage in den Kühlschrank stellen, wird sich an der Oberfläche eine fettere Schicht absetzen. Wenn Sie diese abschöpfen, erhalten sie eine bereits recht dickflüssige, teils steife Konsistenz. Da Kokosfett bei Temperaturen unter 20° C fest wird, ist eine Kühlung ratsam, wenn sie eine eher dickflüssige Konsistenz wünschen.

Obacht ist geboten wenn es um die Inhaltsstoffe geht: Mehr als Kokosnuss und Wasser sollte nicht enthalten sein, alles Weitere sind unnötige Beigaben entweder zur Konservierung oder aus kosmetischen Gründen, zum Beispiel um die oben genannte Trennung von Wasser und Fett zu verhindern.

Sie können bei den meisten Urgeschmack-Rezepten Kokosmilch sowohl als Ersatz für Milch, als auch für Sahne verwenden. Dies gilt in beiden Richtungen, Sie können also statt Kokosmilch auch herkömmliche Milch oder Sahne verwenden. Lediglich Käse lässt sich aus Kokosmilch natürlich nicht herstellen.

Kokosmilch ist im Handel von vielen Herstellern erhältlich, sowohl in vielen größeren Supermärkten und in sogenannten Asiashops, als auch im Internet. Es ist zu beachten, dass speziell Kokosnüsse vornehmlich in Fernost produziert werden, also ein weiter Transportweg nach Mitteleuropa notwendig ist. Insofern stellt Kokosmilch in Punkto Nachhaltigkeit einen Kompromiss dar. Ob dies dem gelegentlichen Verzehr im Wege stehen sollte, muss jeder für sich selbst entscheiden.

Mandelmilch Mandelmilch ist ähnlich wie Kokosmilch zu verwenden. Sie schmeckt erwartungsgemäß stark nach Mandeln und kann auch in der heimischen Küche einfach hergestellt werden. Dazu weichen Sie einfach eine Tüte Mandeln in heißem Wasser ein, stellen dies über Nacht in den Kühlschrank, pürieren die Mandeln zusammen mit dem Wasser und pressen diese Masse hinterher durch ein Durchseihtuch.

Kokosmehl Aus dem entölten Fruchtfleisch der Kokosnuss lässt sich ebenfalls ein Mehl herstellen. Dieses ähnelt in seinen Backeigenschaften dem entölten Mandelmehl. Da sein Proteingehalt jedoch wesentlich geringer ist, hält es kaum zusammen, für die Herstellung von Brot ist daher weniger geeignet. Ich empfehle daher die Verwendung von Mandelmehl.

Mandelmehl Für die Zubereitung einiger dieser Speisen wird Mandelmehl benötigt. Dieses ist in zwei Varianten erhältlich: Entölt und nicht-entölt. Bei ersterem handelt es sich um ein trockenes Mehl, das aus den bei der Mandelölherstellung entstehenden Presskuchen gewonnen wird. Das reguläre, nicht-entölte Mandelmehl besteht schlicht aus blanchierten, gemahlenen Mandeln und führt zu einem anderen, lockereren Backergebnis. Da sich die Backeigenschaften dieser beiden Mehle stark voneinander unterscheiden, ist die verwendete Variante im jeweiligen Rezept vermerkt, also entweder Mandelmehl oder gemahlene Mandeln.

Mandelmehl hat einen relativ hohen Eiweißanteil von cirka 36%, dadurch „klebt" es recht stark. Allerdings enthält es kein Gluten und so fehlt ihm die nötige Flexibilität um daraus herkömmliche Backwaren wie Brote herzustellen. Mit Einschränkungen können gemahlene Mandeln auch das Mandelmehl ersetzen: Fügen Sie dann weniger Flüssigkeit zum Teig hinzu. Das Backergebnis wird nicht das gleiche sein, lässt sich jedoch trotzdem genießen.

Pfeilwurzelmehl Zur Herstellung von Soßen hat sich in vielen Küchen die Verwendung fertiger Soßenpulver oder Soßenbinder durchgesetzt. Diese enthalten in der Regel Gluten und oft auch Glutamat und andere Zusatzstoffe, was zu den weiter oben genannten gesundheitlichen Problemen führen kann. Zwar lassen sich Soßen auch ohne Hilfsmittel zum Beispiel durch Reduktion andicken, jedoch ist dies nicht in allen Fällen praktikabel. Das Mehl aus der *Maranta arundinacea*, dem sogenannten Pfeilwurz, ist die optimale Lösung: Es dickt stärker an als Weizenmehl, arbeitet effektiv schon bei rund 65° C und erhält auch die Klarheit von Soßen.

Stevia Die wohl beste natürliche Alternative zu Haushaltszucker stellt Stevia dar. Stevia, genauer *Stevia rebaudiana*, ist eine im subtropischen und tropischen Süd- und Zentralamerika beheimatete Pflanze. Der Extrakt aus Steviablättern ist 250-450 mal süßer als Haushaltszucker. Stevia ist ein reines Naturprodukt und hat keinen Einfluss auf den Blutzuckerspiegel, einige Studien legen sogar vorteilhafte Wirkungen auf die Gesundheit nahe.

Allerdings ist Stevia zum Entstehungszeitpunkt dieses Buches noch nicht für den Gebrauch in Nahrungsmitteln in der EU zugelassen. Jedoch wird es schon seit langem im Handel als Badezusatz, Mundpflegemittel oder schlicht als Anschauungsmaterial angeboten. Kaufen können Sie Stevia in Internetshops und in Reformhäusern. Lediglich in der Schweiz ist Stevia frei erhältlich und es wird bereits in kommerziellen Produkten eingesetzt. Die EU-Mitgliedsstaaten haben sich bereits für die Zulassung ausgesprochen, lediglich die EU-Kommission muss nun noch die endgültige Absegnung erteilen. Dies wird noch für das Jahr 2011 erwartet.

Stevia, das in den letzten Jahren immer häufiger in den Medien erwähnt wird, enthält leider in vielen Produktvarianten einen leicht bitteren, Lakritz-artigen Beigeschmack, der die Verwendung für einige Speisen sehr problematisch macht. Findige Hersteller haben jedoch Methoden entwickelt, auch diesen Beigeschmack zu entfernen oder kleinste Mengen Fruktose hinzuzufügen, um dem entgegenzuwirken. Das Resultat ist ein universell verwendbares Produkt. Ein einziger Tropfen Stevia wird in der Regel so süß empfunden wie ein gehäufter Teelöffel Zucker.

Ich betrachte Stevia weniger als Süßstoff, sondern vielmehr als Kraut oder Gewürz wie Oregano, Thymian oder Zimt. Somit scheue ich Stevia nicht, gehe jedoch zugleich auch maßvoll damit um – wie mit jedem anderen Gewürz auch.

Wo kaufe ich die besten Lebensmittel?

Die Antwort auf diese Frage ist einfach: Nicht im Supermarkt. Es liegt im zugrundeliegenden Prinzip der Supermarktketten begründet, dass Sie dort niemals die beste Ware bekommen. Der logistische Aufwand, den diese Unternehmen betreiben, bedeutet, dass die Ware grundsätzlich längere Wege zurücklegt, als eigentlich nötig wäre. Lebensmittel werden an zentrale Lager geliefert und von dort an Filialen verteilt. Es leuchtet jedem ein, dass darunter die Frische leiden muss, mehr dazu habe ich im Abschnitt Nachhaltigkeit ab Seite 30 geschrieben.

Die besten Lebensmittel sind frische Lebensmittel. Je frischer, desto besser. Das heißt, dass meist nur der Erzeuger ihnen die beste Ware verkaufen kann. Einzige Ausnahme stellen die wenigen Gemüsehändler dar, die ihre Ware täglich frisch von Lieferanten der Region beziehen. Dennoch ist es für Sie nicht nötig, weit auf das Land zu fahren, um frische Ware zu bekommen. Denn in allen Gegenden Deutschlands gibt es regelmäßige Wochenmärkte, auf denen auch Erzeuger direkt ihre Ware verkaufen. Allerdings stehen auf diesen Märkten teilweise auch reine Zwischenhändler, die ihrerseits nur in wenigen Fällen frischere Ware als die Supermärkte bieten. Daher ist es wichtig, bei Verkäufern mit eigener Erzeugung zu kaufen. Natürlich können auch diese das eine oder andere Mal schlechte Ware anbieten. Doch Sie haben hier die Möglichkeit, die Ware direkt vor Ort zu begutachten und einer eingehenden Prüfung zu unterziehen. Von dieser Möglichkeit sollten Sie Gebrauch machen und den Verkäufer auch ruhig wissen lassen, wenn Sie etwas auszusetzen haben, aber auch wenn Sie begeistert sind. Eine ehrliche Bewertung der Ware kann allen Beteiligten nur helfen.

Werkzeuge

Ganz ohne Utensilien ist die Zubereitung einer warmen Mahlzeit zwar kaum möglich, jedoch braucht es dazu keinesfalls all die Geräte, Maschinen und Helferlein, die die Werbung uns als nötig verkaufen möchte. Um komfortabel und unkompliziert bereits eine unendlich große Vielfalt an Mahlzeiten zubereiten zu können, reicht schon eine einzelne Kochplatte nebst einer ordentlichen Pfanne. Tatsächlich sind die Rezepte in meinen vorangegangenen Kochbüchern, allesamt auf einer Doppelkochplatte mit einer Pfanne und einem Topf entstanden, nur selten kamen dabei überhaupt beide

Platten oder ein kleiner Heißluftofen zum Einsatz. Zwar verfüge ich mittlerweile im Rahmen einer kleinen Einbauküche über weitaus mehr Möglichkeiten, doch nach wie vor kommen stets nur zwei Kochplatten zum Einsatz.

Antihaftbeschichtete Pfannen meide ich weitgehend. Dass die in der Beschichtung enthaltenen Chemikalien sich mit der Zeit lösen und so ins Essen gelangen ist nur einer der Gründe dafür. In der Praxis erweisen sich diese Pfannen als nicht ausreichend robust. Sie vertragen keine große Hitze und leiten die Wärme meist nur unzureichend. Pfannen aus Guss- oder Schmiedeeisen halten hingegen bei korrekter Behandlung ein Leben lang und bieten ausgezeichnete Brateigenschaften. Das Material überträgt Hitze wesentlich gleichmäßiger und speichert sie auch, was beim Anbraten größerer Mengen für ausreichende Temperaturstabilität sorgt. Dass Lebensmittel in diesen Pfannen eher anhängen, mag einige Menschen aus ästhetischen Gründen stören. Dem Geschmack und dem praktischen Nutzen tut dies jedoch keinen Abbruch. Emailliertes Eisengeschirr verbindet die hervorragenden Eigenschaften der Eisenpfannen mit einer stark verbesserten Antihaftfähigkeit, die Emailleoberfläche hält zwar Hammerschlägen nicht unbedingt stand, ist jedoch wesentlich stabiler als die zahlreichen Kunststoffbeschichtungen. Diese Pfannen kosten oft das Vielfache einer herkömmlichen Eisenpfanne, ihr praktischer Nutzen muss daher abhängig von den persönlichen Vorlieben bewertet werden.

Als Backofen diente mir jahrelang eine Mikrowelle mit Grill- und Heißluftfunktion. Zwar gibt es überzeugte Proponenten des Mikrowellengarens, ich persönlich konnte über das gelegentliche Aufwärmen von Resten hinaus jedoch nie viel mit Mikrowellengeräten anfangen. Um schnell eine Tasse Wasser zu erhitzen sind sie gewiss praktisch, doch einen Rinderbraten würde ich stets nur dem Grill und der heißen Luft anvertrauen. Wie auch immer: Auch hier zeigt sich, dass bereits ein einfaches, platzsparendes Gerät ausreichen kann, um der eigenen Küche zahlreiche Zubereitungsmöglichkeiten hinzuzufügen.

In Bezug auf alle weiteren Küchenutensilien gilt: Stabil sollten sie sein. Statt eines billigen 7-teiligen Topfsets, sollte es lieber ein wirklich hochwertiges 3-teiliges sein. Einer meiner größten Helfer in der Küche ist ein wirklich gutes Kochmesser. Eine 25 cm lange Klinge mag dem ein oder anderen unnötig groß vorkommen. Doch die daraus resultierende Masse erleichtert die Führung des Messers ganz erheblich. Ein ordentliches Kochmesser, dazu ein ebensolches Spick- und Garniermesser für die filigraneren Aufgaben, reichen für den Küchenalltag völlig aus. Wer Messer nicht als trendige, jährlich zu ersetzende Designobjekte betrachtet, wird stets im mittleren, zweistelligen Preisbereich ausgezeichnete Ware finden, die über viele Jahre treue Dienste leistet.

Ich fasse zusammen: Zum Kochen benötigt man eine minimale Ausrüstung, etwas Geschmackssinn und die Bereitschaft, hin und wieder etwas neues auszuprobieren. Das Wichtigste fehlt allerdings noch: Die Lebensmittel. Glücklicherweise können diese eine große Hilfe sein, denn gute Zutaten kochen sich fast von allein. Die besten Lebensmittel bringen von Haus aus so viel Geschmack mit, dass sie nur selten überhaupt gewürzt werden müssen, um sich von ihrer besten Seite zu zeigen. Die Beschaffung eben solcher Zutaten ist ganz einfach, wenn man weiß, wo man danach suchen muss.

Übung macht den Meister

Als ich meine Ernährungsumstellung begann, konnte ich auf keinen nennenswerten Erfahrungsschatz zurückgreifen. Ich schätze mich zwar glücklich, dass in meiner Kindheit stets handgemachtes Essen auf den Tisch kam. Doch selten kam es bei mir zu mehr als typischen Hilfsarbeiten in der Küche: Kartoffeln schälen, Nudeln kochen, umrühren, Salate zubereiten. Und selbst in diesen Fällen galt mein Interesse kaum der Kochkunst als solcher. Aber das ist ja auch nicht nötig. Wer lediglich das Endergebnis in Form einer köstlichen Mahlzeit vor dem geistigen Auge visualisiert, schafft sich damit die beste Motivation.

Was kann schon passieren? Das Schlimmste wäre ein angebranntes Essen, doch damit es dazu kommen kann, muss man überhaupt erst einmal anfangen. Aus Fehlern kann man ganz hervorragend lernen, und diese kann nur machen, wer es versucht.

Für mich steht fest: Wer eine Mahlzeit zubereiten kann, die ihm oder ihr selbst schmeckt, der kann kochen. Am Ende geht es darum, möglichst befriedigend und gesund satt zu werden. Ein Wettstreit um Exklusivität, Optik oder Sterne ist an dieser Stelle völlig irrelevant.

Jeder kann kochen.

Schokoladeneis, Seite 100

Kapitel 3 – Die Rezepte

Meine Küche ist dominiert vom Purismus. Im Vordergrund stehen dabei ganz schnörkellos die Aromen und Eigenheiten der einzelnen Zutaten. Diese kaufe ich saisonal und weitgehend regional ein, so landet am Ende immer frische und ökologisch einwandfrei erzeugte Ware auf dem Tisch. Dieser bodenständigen Herangehensweise entsprechen meine Rezepte, die sich in der Folge sehr einfach und schnell umsetzen lassen. Ich koche gerne und habe kein Problem damit, viel Zeit in der Küche zu verbringen. Aber nötig ist das für schmackhaftes Essen keinesfalls und genau das möchte ich Ihnen mit diesem Kochbuch zeigen. Zwar befinden sich auch einige sehr ausführliche und detaillierte Kochanleitungen in diesem Buch. Doch die Geschmäcker sind verschieden und so sollte jeder sein Essen selbst abschmecken. Diese Rezepte können Sie daher auch sehr gut als Basis für Ihre eigenen Improvisationen nutzen oder sich einfach nur von den Fotos inspirieren lassen.

Mengenangaben Sie werden in den Rezepten wechselnde Angaben zu Stück- oder Grammzahlen finden. Eine Angabe in Stück finde ich wesentlich praktischer und alltagstauglicher. In einigen Fällen ist eine gewisse Genauigkeit jedoch nötig und genau dann verwende ich die präzisere Angabe in Gramm oder Millilitern. Auch kommen beispielsweise Tomaten in so unterschiedlichen Größen, dass eine konkretere Angabe oft hilfreich ist. Und steht etwa geschrieben „2-3 Zwiebeln", so sind zwei große oder drei kleinere Zwiebeln gemeint. Und der Vollständigkeit halber sei erwähnt: Es gilt TL = Teelöffel, EL = Esslöffel, St. = Stück, Pckg. = Packung.

Butter oder Olivenöl? Zum Braten benötigen Sie Fett und es bleibt natürlich Ihnen überlassen, ob sie dafür Butter, Schmalz, Olivenöl oder Kokosfett verwenden. Da diese Fette alle einen eigenen Geschmack mit sich bringen, finden Sie in einigen der Rezepte konkrete Empfehlungen zur Wahl des passenden Fettes.

Zutatenindex Am Endes dieses Buches finden Sie einen praktischen Zutatenindex, mit dessen Hilfe Sie die Rezepte nach verwendeten Zutaten durchsuchen können. Haben Sie also beispielsweise einige Zucchini übrig, schlagen Sie einfach Seite 144 auf und Sie finden auf Anhieb mehrere passende Rezepte.

Gefüllte Paprika, Seite 94

Hamburger mit Gemüse

In Deutschland ohne das entsprechende Brötchen eher als Hacksteak bekannt, kann dieses Fleischgericht ein sehr puristischer Genuss sein. In seiner reinsten Form besteht der Hamburger lediglich aus Hackfleisch und genau das sorgt für seinen bodenständigen Geschmack.

2 PORTIONEN

- 300g Rindergehacktes
- 2-3 Zucchini
- 1-2 Auberginen
- Gewürze: Salz, Pfeffer, Thymian, Oregano
- Optional: Ketchup (siehe Seite 86)

Die Auberginen in scheiben schneiden und in ein Sieb legen, mit Salz bestreuen und ungefähr 15 Minuten Wasser ziehen lassen.

Währenddessen die Zucchini in Scheiben schneiden. Anschließend das Gemüse in einer Pfanne bei mittlerer Hitze schmoren und mit Salz, Pfeffer, Thymian und Oregano würzen.

Aus dem Hackfleisch vier Bratlinge formen und in einer Pfanne bei hoher Hitze in ausreichend Öl scharf anbraten, anschließend zusammen mit dem Gemüse servieren.

Ente mit Grünkohl

Die Ente fristet beinahe ein Nischendasein hinter der Gans, entsprechend selten findet sie den Weg auf den Esstisch. Zu unrecht, wie ich finde, denn sie verfügt in der Regel über zarteres, feineres Fleisch als ihre größere Verwandte. Ihre Haut lässt sich trotz des etwas geringeren Fettgehalts dennoch knusprig braten.

4 PORTIONEN

- Eine Ente (2,5-3 kg)
- 1 kg Grünkohl
- 3 Äpfel (Boskoop)
- 2-3 Zwiebeln
- 1 Becher Sahne
- Gewürze: Salz, Pfeffer, Muskat

Den Ofen auf 180° C vorheizen. Die Ente von innen und außen salzen. Zwei Äpfel entkernen, in Viertel schneiden und die Ente damit füllen. Anschließend die Ente in einen geschlossenen Bräter legen und ungefähr 3 Stunden im Ofen garen. Nach der Garzeit den Deckel vom Bräter nehmen, die Ente mit 2-3 EL des ausgetretenen Fettes übergießen, den Rest der Flüssigkeit in einen Topf umfüllen. Den Bräter mit der Ente weitere 30 Minuten bei 180° C ohne Deckel in den Backofen stellen, um die Haut zu bräunen.

Währenddessen den Grünkohl mit ungefähr 200ml Wasser in einen Topf geben und kochen. Die Zwiebeln schälen und in Ringe schneiden, mit Salz und Pfeffer würzen, glasig braten und danach zum Grünkohl geben und vermengen. Den übrigen Apfel entkernen, in sehr kleine Stücke schneiden und hinzugeben. Aufkochen, fünf Esslöffel Bratensaft von der Ente zum Grünkohl geben und mit Salz, Pfeffer und Muskat abschmecken.

Zum übrigen Bratensaft die Sahne hinzugeben, verrühren, kurz aufkochen und die Soße mit Salz und Pfeffer abschmecken.

Apfeltorte

Dies ist einer jener Kuchen, die in keinem Arsenal fehlen sollten. Die Apfeltorte hat stets etwas bodenständiges, sie ist ein absoluter Klassiker. Und so freue ich mich, auch bei konsequentem Getreideverzicht ein köstliches Rezept dafür präsentieren zu können. Das vorherige Anbraten der Äpfel verstärkt durch leichte Karamellisierung ihr Aroma und macht sie weicher.

Den Ofen auf 160° C vorheizen. Zunächst Mandelmehl, Butter, Eier, Stevia und Wasser miteinander verrühren bis ein Teig entsteht. Wer mag, kann nun gehackte Mandeln hinzufügen und unterrühren. Den Teig in eine kleine Kuchenform geben.

Den Apfel schälen, in schmale Spalten schneiden und in einer Pfanne mit etwas Butter und Zimt kurz anbräunen. Diese nun weichen Stücke auf dem Teig verteilen. Mit Zimt bestreuen, dann mit Kokosflocken garnieren. An dieser Stelle aufgelegte gehackte Mandeln oder Walnüsse sorgen neben ihrem Geschmack im fertigen Kuchen für mehr Biss und Knusprigkeit.

Die Kuchenform nun in den Ofen stellen und dort 30 Minuten backen.

1 KUCHEN (Ø 16-18CM)

100g Mandelmehl
30g Butter oder Kokosfett
2 Eier
70ml Wasser
15 Tropfen Stevia
1-2 Äpfel
25g Kokoschips
Zum Verfeinern: Zimt und gehackte Mandeln oder Walnüsse

Ratatouille

Ob Ratatouille ursprünglich ein Arme-Leute-Essen war oder nicht, spielt für den Geschmack keine Rolle. Köstlich ist es allemal. Wichtig ist die separate Zubereitung wenigstens eines Teils der Zutaten, damit nicht nur ein geschmacklicher Brei entsteht.

2 PORTIONEN

2-3 Zucchini
2-3 Zwiebeln
7-8 Tomaten
1 Aubergine
2 Knoblauchzehen
Olivenöl
Gewürze: Salz, Pfeffer, Thymian, Oregano

Mit Ausnahme des Knoblauchs alle Zutaten in Scheiben schneiden und jeweils getrennt in Olivenöl braten und würzen. Stehen dafür nicht genügend Pfannen zur Verfügung, können die Gemüse auch nacheinander angebraten und im Ofen bei ungefähr 80° C warmgehalten werden.

Die Auberginen braten, bis sie fast cremig werden. Schmoren Sie die Zucchini, bis sie weich sind. Die Zwiebeln glasig und stellenweise braun werden lassen und die Tomaten ebenfalls braten bis sie fast ihre Form verlieren, dabei mit Thymian und Oregano würzen.

Erst kurz vor dem servieren die Zutaten auf Teller schichten und gegebenenfalls mit Kräutern verfeinern.

Rotkohl

Geflügel, Wild, Rinderbraten – sie alle lassen sich gerne von einem schmackhaft zubereiteten Rotkohl begleiten. Dieses Rezept stellt eine eher klassische Variation mit Nelken und Lorbeer vor, die aber natürlich ohne Zucker auskommt.

6 PORTIONEN

1 Kopf Rotkohl
2-3 Zwiebeln
50 g Speck
5 Nelken
3 Lorbeerblätter
1 TL Salz
75 ml Branntweinessig
2 EL Gänseschmalz
10 Tropfen Stevia
300 g Apfelkompott
(siehe Seite 120)

Den Speck in einem großen Topf auslassen, Zwiebeln in Würfel schneiden und darin glasig braten.

Den Rotkohl in kleine, kurze Streifen schneiden, in den Topf geben und kurz anbraten. Dann die Hitze reduzieren.

Die übrigen Zutaten hinzufügen und gut vermengen. Ungefähr 45 Minuten leicht köcheln lassen. Wenn zu wenig Flüssigkeit im Topf ist, rund 100 ml Wasser hinzugeben.

Über Nacht ziehen lassen, Nelken, Lorbeer und Speck herausangeln.

Rotkohl passt großartig zu einer Vielzahl von Gerichten, zum Beispiel zu Wildschwein, Rinderbraten, Ente oder auch Hirschsteak.

Panna Cotta

Zu diesem Dessert hat mich ein Restaurantbesuch inspiriert. Mir gefiel diese Süßspeise sehr und eine kurze Recherche zeigte, dass Panna Cotta einfach herzustellen ist. Benötigt werden nur wenige Zutaten und noch weniger Zeit. Die üblicherweise verwendete Sahne kann durch Kokosmilch ersetzt werden, statt Zucker verwendet dieses Rezept Stevia.

4 PORTIONEN

- 500 ml Kokosmilch oder Sahne
- 4 Blatt / 7 g Gelatine
- 20 Tropfen Stevia
- 1 Vanilleschote

Die Vanilleschote auskratzen und samt Inhalt in die Milch geben. Stevia unterrühren, dann kurz bis fast zum Kochen bringen. Die Vanilleschote entfernen, anschließend die Gelatine unterrühren. Noch heiß in kleine Sturzgläser oder Schüsseln füllen und nach dem Abkühlen im Kühlschrank erstarren lassen.

Nach etwa 3 Stunden ist die Panna Cotta servierbereit. Zum Stürzen kann sie kurz in ein heißes Wasserbad gestellt werden, dann löst sie sich besser aus ihrem Behältnis.

Brokkoli-Creme-Suppe mit geröstetem Feta

Die Nahrungsmittelindustrie verkauft auch heute noch mit beachtlichem Erfolg Tüten mit der Aufschrift Brokkoli-Creme-Suppe. Bemerkenswert ist, dass der Inhalt dieser Tüten in keiner Weise an Brokkoli erinnert. Viel schlimmer ist das dadurch teils sehr negativ verzerrte Bild vom Brokkoli, das Kinder mit sich führen. Dem tritt dieses Rezept mit dem vollen Geschmack des frischen Gemüses entgegen.

2 PORTIONEN

1 Kopf Brokkoli
200 g Feta
Gewürze: Salz, Pfeffer, Muskat
Optional: Sahne, Butter

Den Brokkoli klein schneiden und in 250 ml Wasser kochen. Anschließend das Wasser nicht abgießen, sondern den Brokkoli darin pürieren und verrühren. Mit Salz, Pfeffer und Muskat würzen. Zum Verfeinern Sahne oder Butter hinzugeben.

Den Feta in Würfel schneiden und diese auf einem Backpapier verteilen. Bei 200° C im Ofen auf der obersten Schiene wenn möglich mit Grillfunktion rösten bis sie Farbe annehmen.

Die Suppe bei Bedarf noch mit etwas Wasser verdünnen, dann anrichten und den Feta darauf garnieren.

Schokoladencremetorte

Diese Torte schmeckt intensiv nach Schokolade. Einen Kuchen ohne Zucker und ohne Getreidemehl zu entwickeln ist aus verschiedenen Gründen eine Herausforderung. So fehlen unter anderem die klebrigen Eigenschaften des Gluten und die Karamellisierung der Zuckerkristalle. Auch gibt es kaum Orientierungspunkte aus anderen Rezepten, weil traditionell stets mit Getreide gebacken wird. Eine spannenden Herausforderung also, die durch die Aussicht auf eine saftige Schokoladencremetorte sicherlich nicht gemindert wird.

1 TORTE (Ø 16-18CM)

80 g Mandelmehl
40 g Kakaopulver
60 g Kokosöl
6 g Backpulver
30 Tropfen Stevia
1 Ei
230 ml Kokosmilch

FÜR DIE CREME

30 g Kakaopulver
30 g Kokosöl
30 g Kokosmehl
120 ml Kokosmilch

Zuerst die trockenen Zutaten miteinander verrühren, dann Milch, Eier und Stevia hinzugeben. Es sollte ein Teig mittelfester Konsistenz entstehen. Nicht zu fest, aber auch nicht zu flüssig. Gegebenenfalls muss hier etwas Milch oder Wasser hinzugegeben werden.

Diesen Teig nun in eine gefettete oder mit Backpapier ausgelegte Form geben und bei 160° C für 30 Minuten in einem vorgeheizten Ofen backen.

Nun die Creme-Bestandteile verrühren und so viel Kokosmilch hinzufügen, dass eine Konsistenz entsteht, die Ihnen gefällt. Nach Geschmack Stevia hinzufügen. Vergessen Sie nicht, dass diese Creme bei der Lagerung im Kühlschrank durch die Verwendung des Kokosöls etwas fester wird.

Den Kuchen nach dem Backen für 30-60 Minuten abkühlen lassen, horizontal in zwei Hälften schneiden und mit der Creme füllen.

Lauchcremesuppe

Gemüse oder Gewürz? Der kräftige Geschmack des Lauchs macht ihn sehr vielseitig. Auch ganz alleine, sozusagen als Solodarsteller einer Mahlzeit, weiß er zu glänzen. Durch die Trennung der Bestandteile in diesem Rezept entstehen drei unterschiedliche Texturen, die der Zunge ein vielseitiges Geschmackserlebnis bescheren.

2 KLEINE PORTIONEN

3 Stangen Lauch
1 Becher Sahne
Gewürze: Salz, Pfeffer

Den Lauch waschen und in grüne und weiße Abschnitte trennen. Einen Teil des Grüns abschneiden, zerkleinern und beiseite legen.

Die übrigen grünen Abschnitte klein schneiden, in etwas Butter kurz anbraten und dann dünsten bis sie weich sind.

Währenddessen die weißen Abschnitte in Ringe schneiden und in einer zweiten Pfanne in etwas Butter anbraten, bis sie Farbe annehmen. Mit Salz und Pfeffer würzen.

Die grünen, gegarten Stücke nun pürieren und mit der Sahne verrühren, kurz erhitzen und abschmecken.

Nun die weißen, angebratenen Stücke in die Suppe geben und abschließend mit den anfangs beiseite gelegten, grünen Stücken garnieren.

Rührei mit Speck und Apfelkompott

Was bleibt, wenn Müsli, Brot und Corn Flakes wegfallen? Die Frage nach dem Frühstück ist die wohl am häufigsten gestellte im Rahmen einer getreide- und glutenfreien Ernährung. Ein Klassiker bietet sich direkt an: Rührei mit Speck. Eine Aversion gegen Rührei ist angesichts der blassen, trockenen Masse, die viele Frühstücksbuffets ziert, verständlich. Aber so muss es nicht aussehen. Die ordentliche Zubereitung der Bestandteile dauert höchstens fünf Minuten – Zeit, die man sich für seine Ernährung auch am Morgen nehmen sollte.

2 PORTIONEN

6 Eier
6 Streifen Speck
2 EL Apfelkompott (siehe Seite 120)
Butter
Gewürze: Salz, Pfeffer

Die Eier in ein Rührgefäß schlagen, mit Salz und Pfeffer würzen und kräftig rühren. Nicht nur im Kreis sondern auch kreuzförmig. Wichtig, ist die Struktur des Eies zu brechen, so dass eine homogene Masse entsteht.

Etwas Butter in eine Pfanne geben und auf mittlerer Hitze schmelzen, dann die Eiermasse hinzugeben und unbedingt stetig rühren. Die Pfanne vom Herd nehmen, bevor die gewünschte Konsistenz erreicht wird, da das Rührei durch die gespeicherte Hitze noch etwas länger gart.

Gleichzeitig den Speck in eine Pfanne geben und dort braten, bis er knusprig ist.

Rührei, Speck und je einen Esslöffel Apfelkompott auf zwei Tellern anrichten.

Pastinakencremesuppe

Pastinaken sind ein weiteres Beispiel dafür, wie vielseitig und kräftig die Natur ganz ohne Hilfsmittel schmecken kann. Mit einer Zwiebel und etwas Sahne verfeinert, entsteht eine feine und zugleich kräftige Suppe, die durchaus auch als Hauptmahlzeit satt macht.

2 PORTIONEN

3-4 Pastinaken

1 Becher Sahne

1 Zwiebel

Gewürze: Salz, Pfeffer

Die Zwiebel in kleine Würfel schneiden und glasig braten, mit Salz und Pfeffer würzen.

Pastinaken in kleine Stücke schneiden, in die Pfanne geben und kurz mit anbraten bis sie Farbe annehmen. Die Pfanne dann mit ungefähr 150 ml Wasser ablöschen und das Gemüse darin cirka 10 Minuten lang schmoren, bis es weich wird.

Den Pfanneninhalt in einem Mixer oder mittels eines Pürierstabes zu einer Suppe verarbeiten. Sahne hinzugeben und mit Salz und Pfeffer abschmecken. Bei Bedarf mit etwas Wasser verdünnen.

Frikadellen mit Fetafüllung

Buletten, Klopse, Gehacktesklöße oder Frikadellen – ganz gleich, wie man sie nennen mag: Gebratene Hackfleischklumpen erfreuen sich universeller Beliebtheit. In der konventionellen Herstellung hat die Zugabe eines aufgeweichten Brötchens zum Ziel, die Frikadelle luftiger und saftiger zu machen. Die Urgeschmack-Frikadelle schafft dies ganz ohne Backwaren: Durch Feta. Mittels der Kokosraspel-Panade erhalten die Frikadellen eine knusprige Kruste, das Kokos-Aroma bleibt dabei eine hintergründige Note.

24-26 FRIKADELLEN

1 kg Hackfleisch
200 g Feta
4 Eier
2-3 Zwiebeln
4 Knoblauchzehen
100 g Kokosraspeln
Gewürze: Salz, Pfeffer

Zwiebeln, Knoblauch und Feta fein hacken. Alle Zutaten mit Ausnahme der Kokosraspeln miteinander vermengen und mit Salz und frisch gemahlenem Pfeffer abschmecken (es werden ungefähr ein Esslöffel Salz und zwei Teeflöffel Pfeffer benötigt). Anschließend Frikadellen formen und in den Kokosraspeln wenden.

Die Frikadellen nun bei mittlerer Hitze und nicht zu lange garen, ungefähr 5 Minuten je Seite. Eine leichte Bräunung auf der Außenseite reicht aus.

Frikadellen schmecken am besten, wenn sie eine Nacht im Kühlschrank verbracht haben und können sowohl kalt als auch aufgewärmt genossen werden.

Variante: Den Feta, statt ihn kleingehackt in das Hackfleisch zu mischen, in 2 cm große Würfel scheinden und mit dem Hackfleisch umhüllen. Dadurch entstehen Kugeln, die von allen Seiten gegart werden müssen, allerdings jeweils etwas kürzer.

Tomatensuppe mit Mozzarella

Diese Suppe ist nicht nur einfach in der Herstellung, sie ist auch sehr praktisch. In größerer Menge zubereitet, lässt sich davon bequem mehrere Tage sehr anständig speisen, ohne jedes Mal lange Zeit in der Küche verbringen zu müssen. Der zugefügte Mozzarella passt geschmacklich ausgezeichnet, sorgt für eine ordentliche Menge Eiweiß und macht satt. Wer ganz auf Milchprodukte verzichten möchte, dem schlage ich stattdessen Eierstich als Einlage vor.

4 PORTIONEN

- 2000 ml Passierte Tomaten
- 200 ml Wasser
- 4 Pckg. Mozzarella (à 125g Abtropfgewicht) ODER 8-10 Eier
- 10 EL Olivenöl
- Gewürze: 1 TL Pfeffer und je 1 EL Oregano, Thymian und Salz,

Die passierten Tomaten zusammen mit dem Wasser, den angegebenen Gewürzemengen und dem Öl in einen Topf geben und unter Rühren kurz aufkochen. Danach am besten wenigstens einen halben Tag oder über Nacht ziehen lassen.

Den Mozzarella in Würfel schneiden und erst kurz vor dem Servieren mit der Suppe erhitzen. Nach Geschmack frisch am Tisch etwas Sahne oder Kokosmilch hinzugeben.

Wird die Suppe in größeren Mengen zubereitet, macht es Sinn, den Mozzarella oder Eierstich jeweils frisch in die Portionen zu geben und dann in der Mikrowelle zu erhitzen.

Als Alternative zum Mozzarella eignet sich Eierstich. Dazu acht bis zehn Eier verrühren, in einen Kunststoffbeutel füllen, diesen ohne Luftblase verschließen und 10 Minuten kochen. Anschließend auspacken, in Würfel schneiden und in die Suppe geben.

Blumenkohl mit Rührei

Wird das Rührei eher saftig zubereitet, kann es in diesem Rezept zugleich als Dip für den Blumenkohl dienen und verleiht diesem so eine zusätzliche Geschmacksnote. Und wer gute Butter zu schätzen gelernt hat, der weiß auch, dass sie durchaus als alleinige Beigabe zum Gemüse taugt – eine Soße ist nicht nötig.

2 PORTIONEN

Rührei (siehe Seite 66)

1 Kopf Blumenkohl

8 Eier

50 g Butter

Gewürze: Salz, Pfeffer

Den Blumenkohl zerteilen und in etwa 300 ml Wasser 10 Minuten kochen.

Währenddessen die Eier verrühren, mit Salz und Pfeffer abschmecken und in einer Pfanne zu Rührei braten.

Die Butter mit einer Prise Salz würzen und erhitzen, bis sie flüssig wird.

Nach dem Garen das Wasser vom Blumenkohl abgießen, Rührei und Kohl auf Tellern anrichten und die geschmolzene Butter über den Kohl träufeln.

Gulasch mit Roter Beete und Kürbisbrei

Eine sehr farbenfrohe Mahlzeit, deren Geschmack der Optik in nichts nachsteht. Frische Rüben sind für dieses Rezept der üblicherweise im Handel erhältlichen, eingelegten und in Plastik verpackten Variante der Roten Beete vorzuziehen. In der Regel dominiert bei frischen Wurzeln die süßliche Note, die in diesem Rezept genau den richtigen Kontrast setzt.

4 PORTIONEN

- 500 g Gulasch (siehe Seite 102)
- 4-5 Knollen Rote Beete
- 1 Hokkaido-Kürbis
- Gewürze: Salz, Pfeffer, Paprika, Chili, Muskat

Die Rote Beete schälen und halbieren, dann in einem Topf mit Wasser bedecken und 45 Minuten kochen.

Den Kürbis entkernen, in Würfel schneiden (die Schale des Hokkaido-Kürbis kann mitgegessen werden) und in etwa 500 ml Wasser kochen.

Wenn der Kürbis (nach cirka 15-20 Minuten) gar ist, das Wasser abgießen, die Stücke zu einem Brei stampfen und mit Salz, Pfeffer und Muskat abschmecken.

Das Wasser der gekochten Roten Beete abgießen, diese in Scheiben schneiden und zusammen mit Kürbisbrei und Gulasch anrichten und servieren.

Leber mit Kürbisbrei und Apfelkompott

Dies ist eine neue Variante des traditionellen deutschen Gerichts "Himmel un Ääd" oder auch "Himmel und Erde". Die „Erde" wird hier jedoch an Stelle von Kartoffeln durch den Kürbis repräsentiert. Ob die Äpfel gestampft oder lediglich gewürfelt werden sollten, hat mehr mit regionalen Bräuchen als mit dem Geschmack zu tun.

2 PORTIONEN

200 g Leber
500 g Hokkaido-Kürbis
2-3 Zwiebeln
1 Apfel
Gewürze: Salz, Pfeffer

Zunächst den Apfel zu einem Mus oder Kompott verarbeiten: Entkernen, in Würfel schneiden und mit etwas Wasser kochen, bis er zerfällt (siehe Seite 120).

Den Kürbis in Würfel schneiden und in etwa 500 ml Wasser kochen.

Zwiebeln schälen und in Ringe schneiden, glasig braten und mit Salz und Pfeffer würzen.

Die Leber braten. Wichtig ist, dass sie nicht zu viel Hitze abbekommt, da sie sonst schnell zäh wird. Eine gute Lösung für dieses Problem ist, sie in der Pfanne auf einem Zwiebelbett langsam zu garen. Alternativ einfach nur mit geringer Hitze die Leber direkt braten.

Wenn der Kürbis gar ist, das Wasser abgießen und die Stücke zu einem Brei stampfen, mit Salz, Pfeffer und Muskat abschmecken.

Abschließend Kürbisbrei und Apfelkompott auf einem Teller anrichten, Leber und Zwiebeln darüber geben.

Rote Beete Suppe mit Feta

Dieses Rezept wurde durch ein Kochbuch von Hugh Fearnley-Whittingstall inspiriert. Lange Jahre war ich kein großer Suppenfan, weil mir die servierten Exemplare schlichtweg zu dünn waren. Doch wer sich seine Suppe selbst kocht, kann sie so dickflüssig machen, wie er will. Nach einigen bereits sehr schmackhaften Erfolgen stieß ich auf das Rezept von Hugh und wurde neugierig, wie sich Rote Beete wohl als Suppe macht.

2 PORTIONEN

500 g Rote Beete
1 Zwiebel
20 g Tomatenmark
200 g Feta
300 ml Rinderbrühe (wenn verfügbar, sonst Wasser)
30 g Butter
Gewürze: Salz, Pfeffer

Die Rote Beete schälen, in Würfel schneiden und in einen Topf geben. Mit Wasser bedecken und für 20 Minuten kochen.

Währenddessen die Zwiebel kleinhacken und glasig braten, dabei mit Salz und Pfeffer würzen.

Anschließend die Rote Beete einschließlich des Kochwassers mit den Zwiebeln, der Rinderbrühe, dem Tomatenmark und der Butter in einen Mixer geben und pürieren.

Den Feta in Würfel brechen oder schneiden. Die Suppe mit dem darüber gestreuten Feta servieren.

Bratapfel mit Vanillepudding

Bratäpfel gehören für mich zu den wenigen angenehmen Seiten des Winters. Erst spät im Jahr stehen die Äpfel der Sorte Boskoop zur Verfügung und auch wenn ich kein Pomologe bin, so würde ich aus meiner kulinarischen Erfahrung heraus doch behaupten, dass dieser Apfel der unanfechtbare König der Bratäpfel ist.

1 PORTION

- 1 Apfel (Boskoop)
- 100 ml Kokosmilch
- 1 TL Pfeilwurzelmehl
- 1 Messerspitze Vanille
- Gehackte Mandeln
- Zimt
- Optional: 1 TL Heidelbeeren

Den Backofen auf 180° C vorheizen. Den Apfel entkernen, bei Bedarf und Verfügbarkeit mit ein paar Heidelbeeren füllen, die Mandeln darauf streuen und auf einem Teller für 15 Minuten in den Ofen stellen.

Währenddessen die Kokosmilch erhitzen, das Pfeilwurzelmehl in 20 ml kaltem Wasser auflösen, unter die Milch rühren und sehr kurz aufkochen. Die Vanille darunter rühren.

Den Pudding nach dem Garen des Bratapfels auf den Teller gießen und abschließend den Apfel mit einer Prise Zimt würzen.

Miesmuscheln

Miesmuscheln sind nichts für modische Menschen. Während ihre Verwandten, die Jakobsmuscheln, voll im Trend liegen, bleibt die Miesmuschel die Meeresfrucht mit Bodenhaftung: Mit ihrem Namen schert sie sich einen Kehricht um das Marketing und auch auf eine polierte Verpackung verzichtet sie. Und doch ist die Miesmuschel ein kulinarisches Highlight. Man findet sie oft kiloweise abgepackt in Fischgeschäften. In der Regel handelt es sich hier um Ware aus freier Wildbahn und Sie können getrost zugreifen.

2 PORTIONEN

1 kg Miesmuscheln
1 Flasche Weißwein
1 Bund Suppengemüse

Das Suppengemüse kleinschneiden, zusammen mit dem Weißwein in einen großen Topf geben und zum Brodeln bringen. Dann die Muscheln hinzufügen.

Die Muscheln sind gar, wenn sie sich geöffnet haben. Nun den Topf vom Herd nehmen, das Wasser abgießen und den Topf am besten direkt auf den Esstisch stellen.

Dazu passen sehr gut zwei Soßen zum Dippen: Eine Tomaten-Zwiebelsoße und ein Sauerrahm-Dip, siehe Seite 86.

Tomaten-Zwiebelsoße

Eine vielseitige Soße, die sowohl heiß als auch kalt serviert eine gute Figur macht. Auch als alleinige Beilage zu Grillfleisch sehr zu empfehlen.

Die Zwiebel in Ringe schneiden und glasig braten, dann die Tomaten in Würfeln hinzugeben und unter Rühren zu einer Soße reduzieren. Nach Herzenslaune mit Oregano, Thymian und Chili, auf jeden Fall aber mit Salz, Pfeffer und möglichst auch Knoblauch würzen.

1-2 Zwiebeln
200 g Tomaten
Gewürze: Salz, Pfeffer
Optional: Oregano, Thymian, Knoblauch

Sauerrahm-Dip

Ein Dip, der zu fast allem passt, ganz gleich ob Gemüse oder Fleisch.

Zwiebel und Knoblauch in kleine Würfel schneiden und mit dem Schmand verrühren. Auch hier ganz nach Geschmack würzen, Schnittlauch und ähnliche frische Kräuter machen sich sehr gut in der Creme, außerdem sollten Salz, Pfeffer und Chili nicht fehlen.

200 g Schmand
1 Kleine Zwiebel
1 Knoblauchzehe
Gewürze: Salz, Pfeffer, Chili, Petersilie, Schnittlauch

Ketchup

Es lässt sich darüber streiten, ob bei der eigenen Herstellung von Ketchup nicht direkt frische Tomaten verwendet werden sollten. Das Vorgehen dafür wird im Rezept für Tomaten-Zwiebelsoße beschrieben. Hier daher eine bequemere Variante.

Alle Zutaten in einen Topf geben, gut verrühren und kurz aufkochen lassen. Heiß in Gläser füllen, verschließen, abkühlen lassen und anschließend im Kühlschrank lagern. Für scharfen Ketchup fügen Sie noch je einen halben Teelöffel Kurkuma, Kreuzkümmel und Chilipulver hinzu.

500 ml Passierte Tomaten
200 g Tomatenmark
30 ml Branntweinessig
15 Tropfen Stevia
Gewürze: 4 g Salz, 2 g Pfeffer

Mediterraner Auflauf

Sobald ab Juli gleichzeitig sowohl Tomaten als auch Paprika und Zucchini in ausgezeichneter Qualität aus der Region erhältlich sind, bereite ich diesen Auflauf mehrmals pro Woche zu. Ein sich rasch entfaltende Duft von Kräutern, gerösteten Tomaten und Paprika sorgt schon lange vor Ende der Backzeit für wässrige Münder.

2 PORTIONEN

4 Paprikas
2 Zucchini
500 g Tomaten
250 g Feta
20 ml Olivenöl
Gewürze: Salz, Pfeffer, Oregano, Thymian, Chili

Den Ofen auf 200° C vorheizen. Die Tomaten in Viertel schneiden, in eine Auflaufform geben und mit Salz und Pfeffer würzen.

Zucchini und Paprikas in Scheiben schneiden und in der Auflaufform verteilen. Den Feta in Würfel schneiden und teils darunter, teils darüber legen.

Mit Oregano, Thymian, Chili, Salz und Pfeffer würzen und anschließend mit einem guten Schuss Olivenöl besprenkeln.

Etwa 20 Minuten im Ofen backen, bis die oben liegenden Gemüseteile braune Farbe angenommen haben.

Rinderbraten im Gemüsebett

Bei Verwendung hochwertigen Fleischs bedarf es kaum zusätzlicher Würze, um einen köstlichen Braten zuzubereiten. Salz und Pfeffer allein genügen, um die Aromen zu betonen und das Beste aus dem Fleisch herauszukitzeln. Als Beilage dient in diesem Rezept das mit dem Fleisch im Ofen angeröstete Gemüse.

4-6 PORTIONEN

1000 g Rinderbraten
1/2 Sellerieknolle
6-10 Karotten
1-2 Zwiebeln
Gewürze: Salz, Pfeffer
Optional: Sahne oder Kokosmilch

Den Ofen auf 200° C vorheizen.

Das Gemüse in kleine Würfel oder Scheiben schneiden und zusammen mit dem Braten in eine ofentaugliche Form geben. Dies für 60 Minuten bei 180° C in den Ofen stellen.

Die Garzeit ist weitgehend eine Frage des Geschmacks. Da das Tier bereits tot ist, ziehe ich es vor, es im Ofen nicht weiter „tot" zu garen, sondern einen wenigstens als Medium zu bezeichnenden Kern zu erhalten. Bei einem 1000 g-Braten liegt die Zeit dafür zwischen 30-45 Minuten. Ein Ofenthermometer ist das einfachste Hilfsmittel zur Feststellung des Garfortschritts. Ab einer Temperatur von etwa 55° C im Kern kann das Fleisch als Medium bezeichnet werden. Durch die im Bratenstück gespeicherte Hitze wird es auch nach dem Entfernen aus dem Ofen noch ein wenig weiter garen.

Nach der Garzeit die Form aus dem Ofen nehmen, das Fleisch zum Ruhen etwa 10 Minuten beiseite legen und währenddessen das Gemüse anrichten. Die Bratenform mit ein wenig Wasser ablöschen, den Bratensatz lösen und daraus eine Soße anrühren. Diese kann bei Bedarf auch mit Sahne verfeinert werden.

Schokoladen-Bananen-Kuchen

Bei dem Versuch, einen Bisquitteig auf Basis gemahlener Mandeln herzustellen, entstand dieses Rezept. Die Banane kam erst in einer späteren Entwicklungsstufe hinzu. Sie fügt sich geschmacklich filigran in diese Süßspeise, ihre Textur setzt diesem Dessert das Sahnehäubchen auf.

2 PORTIONEN

4 Eier
60 g gemahlene Mandeln
1 Banane
10 Tropfen Stevia
75 g / 6 St. Bitterschokolade 80%

Die Eier schaumig rühren, dann Stevia und löffelweise die gemahlenen Mandeln einrühren. Die Schokoladenstücke halbieren und die Banane in Scheiben schneiden.

Den Teig auch auf ein mit Backpapier belegtes Blech gießen und bei 140°C in einem vorgeheizten Ofen backen. Nach 8 Minuten das Blech aus dem Ofen nehmen und die Bananen- und Schokoladenstücke auf einer Hälfte des Teigs verteilen. Nun die andere Hälfte des teilweise noch flüssigen Teigs mit Hilfe des Backpapiers darüber klappen. Das Blech für weitere 2-3 Minuten in den Ofen stellen. Der Kuchen schmeckt am besten warm serviert, wenn der Teig stellenweise noch leicht flüssig ist.

Statt den Kuchen im Ofen zu backen, können Sie ihn auch als Pfannkuchen zubereiten: Etwas Butter in eine Pfanne geben und bei mittlerer Hitze vorheizen. Den Teig in die Pfanne geben und ungefähr 5 Minuten backen, bis die Unterseite stabil ist. Dann die Bananen- und Schokoladenstücke in einem Streifen auf der Mitte des Pfannkuchens auslegen und den Pfannkuchen aufrollen. Zwei Minuten weiter backen und servieren.

Bolognese

Bolognese lediglich zu Pasta zu essen, halte ich für eine Beleidigung ihrer Vielseitigkeit. Tatsächlich passt sie hervorragend zu vielerlei Gemüse und hat absolut das Zeug zum Hauptdarsteller einer Mahlzeit. Eine wirklich gute Bolognese sorgt regelmäßig dafür, dass man sich wünscht, man hätte mehr davon zubereitet.

2 PORTIONEN

- 500 g Rindergehacktes
- 500 ml Passierte Tomaten
- 2-3 Zwiebeln
- 4 Knoblauchzehen
- Gewürze: Salz, Pfeffer, Oregano
- Optional: Paprikapulver, Stevia

Die Zwiebeln in Ringe schneiden und glasig braten, dabei mit Salz und Pfeffer würzen. Währenddessen das Hackfleisch in einem großen Topf scharf anbraten und bräunen. Dann die passierten Tomaten und die Zwiebeln hinzugeben. Den Knoblauch fein hacken und unterrühren. Mit wenigstens einem Teelöffel frisch gemahlenem Pfeffer, zwei Teelöffeln Salz und drei Teelöffeln Oregano würzen und eine Stunde auf niedriger Hitze köcheln lassen.

Anschließend noch einmal abschmecken. 3-4 Tropfen Stevia bringen eine leichte Süße in die Soße, ein halber Teelöffel Paprikapulver erweitert das Aroma um eine feurige Schärfe.

Bolognese schmeckt am besten, wenn sie eine Nacht im Kühlschrank verbracht hat.

Auf Seite 47 finden Sie einen Serviervorschlag für Bolognese in einer gekochten Paprika nebst einem kleinen Salat.

Seelachs mit frischen Tomaten

Als ein ganz einfaches Gericht für den Sommer dient hier ein im Vorbeigehen am Fischstand gekauftes Seelachsfilet mit ein paar Tomaten. Die Zubereitung dauert kaum länger als das Einpacken des Fischs und ist in zehn Minuten erledigt.

2 PORTIONEN

350 g Seelachsfilet
8-10 Tomaten
Gewürze: Salz, Pfeffer

Etwas Olivenöl in eine Pfanne geben und diese bei mittlerer Hitze vorwärmen. Das Seelachsfilet auf der Hautseite in die Pfanne legen und mit Salz und Pfeffer würzen. Nach fünf Minuten Bratzeit wenden, nun die andere Seite würzen und weitere 3-5 Minuten garen.

Währenddessen die Tomaten vierteln, auf zwei Tellern anrichten und nach Geschmack würzen.

Den fertig gebratenen Fisch auf den Tellern anrichten und sofort servieren.

Mandelmehl-Fladenbrot

Fladenbrot aus Mandelmehl hat nicht viel mit dem Weizenmehl-basierten Produkt zu tun. Es ist eher dicht und brüchig, dafür jedoch viel aromatischer. Am besten schmeckt dieses Gebäck warm frisch aus der Pfanne.

2 PORTIONEN

FLADENBROT:

240 g Mandelmehl

30 ml Olivenöl

75 ml Wasser

2 Prisen Salz

BELAG:

2 Knoblauchzehen

200 g Zwiebeln

100 g Sauerrahm-Dip (siehe Seite 86)

Mandelmehl, Olivenöl, Wasser und Salz miteinander verkneten und daraus einen runden Fladen formen. Diesen in einer Pfanne bei mittlerer Hitze auf beiden Seiten je 15 Minuten ausbacken.

Derweil die Zwiebeln in Ringe schneiden und in einer Pfanne glasig braten. Das Fladenbrot nach dem Ausbacken in Viertel schneiden und mit dem klein gehackten Knoblauch einreiben. Dann mit dem Sauerrahm bestreichen und darauf die Zwiebeln anrichten.

Frühlingssalat

Es muss nicht immer raffiniert sein. Dies ist ein beispielhaftes Rezept für einen völlig schnörkellosen Salat, der sich allein auf den vollen Geschmack der rohen Zutaten verlässt.

2 PORTIONEN

300 g Feldsalat

2 Karotten

20 ml Oliven- oder Nussöl

Gewürze: Salz, Pfeffer

Den Feldsalat waschen, eventuell die Wurzeln entfernen und in eine Schüssel geben. Die Karotten mit einer Reibe in schmale Streifen schneiden und hinzugeben.

Öl mit Salz und Pfeffer verrühren, über den Salat geben und vermengen. Auf zwei Tellern anrichten und servieren.

Mandelmehl-Rosinen-Plätzchen

Diese Plätzchen schmecken am besten noch warm, schon nach einigen Stunden werden sie leicht pappig. Da sie sehr schnell zubereitet sind, eignen sie sich daher am besten für den direkten Verzehr an einem Abend.

Alle Zutaten miteinander verkneten. Dann den Teig zu kleinen Kugeln formen und diese platt drücken, um die Plätzchen zu formen.

Diese für 10 Minuten je Seite bei mittlerer Hitze in einer Pfanne ausbacken. Alternativ können sie bei 160° C im vorgeheizten Ofen cirka 30 Minuten gebacken werden.

12-14 PLÄTZCHEN

480 g Mandelmehl
150 ml Wasser
60 g Butter
40 g Rosinen
1 Prise Salz
2 TL Zimt
40 Tropfen Stevia

Schokoladeneis

Zucker spielt in der Eisherstellung eine sehr wichtige Rolle, denn er verändert den Gefrierpunkt der Eismasse. Ohne ihn funktioniert die Eisherstellung anders, ist jedoch nicht unmöglich. Wer Eis liebt, sollte dieses Rezept ausprobieren.

Eigelb mit Kakaopulver, Stevia und 200 ml Sahne verrühren, bis eine homogene Masse entsteht. Dann die übrige Sahne steif schlagen und die Schokoladenmasse unterheben.

Die Schokoladenmasse nun entweder in einen Eisbereiter geben oder direkt für mindestens sechs Stunden in den Gefrierschrank stellen, dabei alle 30 Minuten umrühren. Je häufiger umgerührt wird, desto feiner wird das Eis *(Foto auf Seite 45)*.

3-4 PORTIONEN

6 Eigelb
3 Becher Sahne
60 g Kakaopulver
30 Tropfen Stevia

Gulasch

Zu einem guten Gulasch passen die verschiedensten Gemüse als Beilage. Außerdem lässt es sich einfach aufwärmen und so über mehrere Tage essen. Grund genug, ein ausführliches Rezept dafür vorzustellen.

8-10 PORTIONEN

1500 g Rindfleisch
2-3 Zwiebeln
2 TL Pfeilwurzelmehl
Gewürze: Salz, Pfeffer
Optional: 100 g Sellerie, 200g Schmand, Kurkuma, Knoblauch, Paprikapulver, Kreuzkümmel

Das Fleisch vor dem Braten auf Zimmertemperatur bringen, dann in Würfel schneiden. Anschließend Olivenöl oder Kokosöl in einen großen Topf oder Bräter geben und vorheizen. Erst bei hoher Temperatur das Fleisch hinzugeben und den Topfboden damit bedecken. Nicht umrühren und bis zu 10 Minuten anbraten, bis das Fleisch braun wird. Erst dann die Fleischstücke wenden und von der anderen Seite anbraten. Möglicherweise tritt beim ersten Anbraten bereits Fleischsaft aus. Um das Fleisch besser bräunen zu können, sollte dieser abgeschöpft, jedoch keinesfalls weggeschüttet werden.

Wenn das Fleisch von allen Seiten ordentlich angebraten ist, so viel Wasser hinzugeben, dass das Fleisch knapp bedeckt ist. Dabei den eventuell zuvor abgeschöpften Fleischsaft wieder hinzugeben. Wenn gewünscht, nun auch den in Würfel geschnittenen Sellerie hinzugeben. Nun mit Salz und Pfeffer abschmecken. Paprikapulver, Knoblauch und Kreuzkümmel in Maßen sorgen für aromatische Schärfe und Abwechslung.

Den Topf mit einem Deckel schließen und den Inhalt cirka 2 Stunden auf mittlerer Hitze schmoren lassen. Anschließend ist das Fleisch mürbe gegart.

Um die Soße anzudicken, zwei Teelöffel Pfeilwurzelmehl in 50 ml kaltem Wasser lösen, in den Topf geben, verrühren und kurz aufkochen. Durch 200 g Schmand wird die Soße etwas sämiger und satter.

Heißes Gemüse

Anders als industriell hergestellter Ketchup hat die selbstgemachte Variante das Potential, mit geschmacklicher Tiefe und Kraft zu glänzen, ohne dabei andere Aromen vollständig zu überdecken. In diesem Rezept dient solcher Ketchup als reichhaltige Soße, die die Geschmäcker der übrigen Zutaten auf genau diese Weise komplementiert.

2 PORTIONEN

2 Kohlrabi
2-3 Zwiebeln
1/2 Sellerieknolle
300 g Gulasch (siehe Seite 102)
200 ml Ketchup (siehe Seite 86)
Gewürze: Salz, Pfeffer, Kreuzkümmel, Chili, Kurkuma

Kohlrabi und Sellerie in kleine Würfel schneiden und in einer Pfanne anbraten und garen, mit Salz und Pfeffer würzen.

Währenddessen die Zwiebeln in Ringe schneiden. Den Ketchup mit Chili, Kreuzkümmel und Kurkuma zu scharfem Ketchup abschmecken, anschließend in der Mikrowelle oder in einem kleinen Topf auf dem Herd vorsichtig erhitzen.

Wenn der Sellerie noch bissfest ist, das Gulasch hinzufügen und kurz mit aufwärmen. Dann vom Herd nehmen und auf zwei Tellern anrichten, mit den Zwiebeln garnieren und mit dem heißen Ketchup übergießen.

Schollenfilet mit Frühlingsgemüse

Die Scholle ist kein Fisch wie jeder andere. Ihr Fleisch ist sehr saftig, was das Braten zum Kinderspiel macht. Man könnte die Scholle also einen guten Einsteigerfisch nennen. Es bleibt daher zu hoffen, dass sich der nachhaltige Fang dieser Tiere durchsetzt, damit sich auch die weltweiten Bestände erholen können.

2 PORTIONEN

350 g Schollenfilet
1-2 Kohlrabi
2 Karotten
2 Zwiebeln
Butter oder Olivenöl
Gewürze: Salz, Pfeffer

Die Zwiebeln in Ringe schneiden und in etwas Butter glasig braten, mit Salz und Pfeffer würzen.

Kohlrabi und Karotten in kleine Stücke schneiden, zur Zwiebel geben, anbraten und mit Salz und Pfeffer abschmecken, mit Butter oder Öl verfeinern.

Das Schollenfilet in eine heiße, geölte Pfanne legen und auf der Hautseite anbraten. Würzen, nach 3-4 Minuten wenden und fertig garen.

Pastinakenpfanne mit Fetasoße

Ein sehr voller, runder Geschmack entspringt den gegarten Pastinaken. Ihr einzigartiges Aroma wird vom zugefügten Sellerie getragen und es entsteht ein sehr befriedigendes und sättigendes, allerdings keineswegs schweres Mahl.

2 PORTIONEN

4-5 Pastinaken (groß)
1/2 Sellerieknolle
2 Zwiebeln
200 g Feta
Butter oder Olivenöl
Gewürze: Salz, Pfeffer
Optional: 50 g Sauerrahm-Dip (siehe Seite 86)

Die Zwiebeln in Ringe schneiden und in etwas Butter glasig braten, mit Salz und Pfeffer würzen.

Pastinaken und Sellerie in kleine Stücke schneiden, zur Zwiebel geben, anbraten und mit Salz und Pfeffer abschmecken, mit Butter oder Öl verfeinern. 50 ml Wasser hinzugeben und einen Deckel auf die Pfanne legen. Nach etwa 10 Minuten sollten die Pastinaken zart sein.

In dieser Zeit den Feta in kleine Würfel schneiden und in die Pfanne geben, nach Geschmack Sauerrahm-Dip hinzufügen und umrühren. Wenn der Feta ausreichend warm ist, kann die Gemüsepfanne serviert werden.

Käsekuchen

Schon die alten Römer buken Käsekuchen. Klassisch, also ohne Boden, lässt sich der Kuchen sehr schnell zubereiten, ist allerdings auch ebenso schnell verzehrt. Wer sich an Milchprodukten nicht stört, sollte diesen Kuchen unbedingt einmal ausprobieren.

1 KUCHEN (Ø 26-28 CM)

6 Eier
750 g Sahnequark
200 g Frischkäse
70 Tropfen Stevia
1 Vanilleschote
1 Zitrone

Die Eier trennen und die Eigelb mit Quark, Frischkäse und Stevia verrühren. Die Zitronenschale abreiben und zusammen mit dem Inhalt der Vanilleschote in den Teig mischen.

Das Eiweiß schaumig schlagen und unter den übrigen Teig heben, anschließend in eine Springform (26-28 cm) gießen und dort verteilen.

Für zwei Stunden bei 120° C im vorgeheizten Ofen backen. Anschließend im halb geöffneten Ofen langsam abkühlen lassen.

Verfeinertes Sauerkraut

Einige wenige der fertig erhältlichen Sauerkraut-Sorten schmecken wirklich gut. Oft handelt es sich um Bio-Produkte, die neben Weißkohl lediglich Salz und sonst keine Zusatzstoffe enthalten.

Die Zwiebeln in Ringe schneiden und in etwas Butter glasig bis leicht braun braten, mit Salz und Pfeffer würzen. Sauerkraut in einen Topf geben, auf mittlerer Stufe erhitzen und gegebenenfalls enthaltenes Wasser vorsichtig verkochen. Butter und die Zwiebeln zum Sauerkraut geben, mit Salz und Pfeffer abschmecken.

2-3 PORTIONEN

1 kg Sauerkraut
2-3 Zwiebeln
30 g Butter oder Schmalz
Gewürze: Salz, Pfeffer

Szegediner Gulasch

Ganz einfach: Man kombiniere Gulasch mit verfeinertem Sauerkraut.

Verfeinertes Sauerkraut und Gulasch in einen Topf geben und verrühren. Zum weiteren Abschmecken eignen sich Paprikapulver, Sauerrahm oder Schmand, Knoblauch und gebratene Zwiebeln.

3 PORTIONEN

500 g Gulasch
(siehe Seite 102)
1 kg Verfeinertes Sauerkraut (siehe oben)

Bratwurst mit Sauerkraut

Zu Sauerkraut passt jede Art Bratwurst. Vertrauenswürdige Metzger stellen sie ohne Geschmacksverstärker her und nur solche sollten Sie akzeptieren.

Die Zwiebel in Ringe schneiden und glasig braten, mit Salz und Pfeffer würzen. Die Würstchen in einer Pfanne von allen Seiten braten und mit den Zwiebeln und dem Sauerkraut servieren.

2-3 PORTIONEN

6 Bratwürste
1 Zwiebel
1 kg Verfeinertes Sauerkraut (siehe oben)
Gewürze: Salz, Pfeffer

Bisquitrolle mit Heidelbeeren

Heidelbeeren funktionieren in diesem Rezept zwar aufgrund ihrer kompakten und stabilen Form ausgesprochen gut. Aber es gibt keinen Grund, es nicht auch mit anderem Obst wie Erdbeeren oder Bananen zu versuchen. Auch dunkle, bittere Schokolade macht sich in diesem Bett aus Sahne und Eierteig sehr gut.

2 PORTIONEN

- 4 Eier
- 200 ml Sahne
- 40 g gemahlene Mandeln
- 15 Tropfen Stevia
- 200 g Heidelbeeren oder anderes Obst

Den Backofen auf 100° C vorheizen.

Eier trennen und das Eiweiß steif schlagen. Eigelb mit den gemahlenen Mandeln und 10 Tropfen Stevia verrühren, anschließend unter den Eischnee heben.

Backpapier auf einem Backblech ausrollen, den Teig darauf gießen und gleichmäßig auf einer Fläche von etwa 20 x 30 cm verstreichen. Bei 100° C für 25 Minuten backen.

Während der Backzeit die Sahne mit dem restlichen Stevia steif schlagen. Den Teig aus dem Ofen holen, bevor er braun wird, denn sonst wird er zu trocken um ihn zu rollen. Fünf Minuten abkühlen lassen, dann umgehend mit der Sahne bestreichen, die Heidelbeeren darauf verteilen und aufrollen.

Müsli

Es gibt kein Gesetz, das die Verwendung von Getreideprodukten im Müsli vorschreibt. Nüsse schmecken unterschiedlich, abhängig davon, ob man sie mahlt, hackt oder ganz lässt. Experimentieren Sie selbst.

Den Quark mit 250 ml Wasser verdünnen und auf zwei kleine Schüsseln verteilen.

Das Obst kleinschneiden und verteilen, die Nüsse darunter rühren und mit Zimt bestäuben.

2 PORTIONEN

Etwas Obst
Gehackte Mandeln
Mandelstifte
Mandelsplitter
Kokoschips
Gehackte Haselnüsse
500 g Sahnequark
Zimt

Heidelbeermüsli

Die Blaubeere ist schmackhaft, robust und reich an Antioxidantien. Im Juli werden die handelsüblichen Früchte reif und können auf vielen Plantagen auch selbst gepflückt werden. In der Regel dauert die Saison nur bis Ende August, allerdings tragen einige Sorten durchaus länger.

Die Heidelbeeren auf vier Schalen verteilen, Nüsse darüber verteilen und mit Zimt bestäuben. Kokosmilch darüber gießen.

4 PORTIONEN

800 g Heidelbeeren
100 g Mandeln
50 g Mandelstifte
50 g gehobelte Mandeln
20 g Kokoschips
Optional: Zimt,
400 ml Kokosmilch

Tomatensalat

Jedes Jahr im Sommer erweist sich erneut, warum es sich lohnt, auf frische Tomaten aus der Region zu warten: Weil sie viel besser schmecken als die im Winter erhältliche Importware. So viel besser, dass sie durch ihre geschmackliche Tiefe allein eine Mahlzeit bilden können.

Sofern Sie die Tomaten im Kühlschrank lagern, sollten Sie sie unbedingt mindestens eine Stunde vor dem Verzehr herausholen, da sich ihr Geschmack bei Zimmertemperatur am besten entfaltet.

Die Tomaten in Viertel und den Feta in kleine Würfel schneiden und auf zwei Schüsseln verteilen. Mit etwas Salz und Pfeffer würzen, Basilikum hinzugeben und mit einem Schuss Olivenöl verfeinern.

2 PORTIONEN

600 g Tomaten
200 g Feta
Olivenöl
Gewürze: Salz, Pfeffer, frischer Basilikum

Chicoréesalat

Das in Deutschland klassische Rezept verwendet reichlich Zucker, Sahne und Zitronensaft. Daran orientiert sich diese Variante nur grob, die Süße steuert Stevia bei.

Den Chicorée in ungefähr 1 cm breite Ringe schneiden und in eine große Salatschüssel geben. Die Zitrone auspressen und die Schale abreiben, beides zusammen mit dem Stevia in die Kokosmilch rühren. Dieses Dressing über den Salat geben und unterheben *(Foto auf Seite 121)*.

4 PORTIONEN

1 kg Chicorée
200 ml Kokosmilch
1 Zitrone
10 Tropfen Stevia

Apfelkompott

Apfelkompott ist eine gute Lösung, um der herbstlichen Apfelflut Herr zu werden und sie über das gesamte folgende Jahr verteilt genießen zu können. Da mir die Textur gefällt und in der Schale auch viele Vitamine und Mineralien stecken, ziehe ich es vor, die Äpfel ungeschält zu verarbeiten.

Äpfel
Wasser
Optional: Zimt

Die Äpfel in 2cm kleine Würfel schneiden und in einen Topf geben. Mit so viel Wasser auffüllen, dass es etwa einen Zentimeter hoch im Topf steht. Zum Kochen bringen und gelegentlich umrühren, mit Zimt abschmecken. Die Äpfel zerfallen nach und nach. Vom Herd nehmen, wenn die bevorzugte Konsistenz erreicht ist. Noch heiß in saubere Gläser gefüllt und verschraubt, ist das Kompott mindestens 9 Monate haltbar.

Apfelkompott eignet sich sowohl als Beilage zu deftigen Gerichten, als auch als eigenständiges Dessert. Nebenstehend finden Sie ein Bild von Apfelkompott auf einer Quarkcreme aus Quark, Wasser und Vanille.

Der gesamte Prozess lässt sich unkompliziert auch mit nur einem oder zwei Äpfeln in einem geeigneten Gefäß in der Mikrowelle durchführen. Zwischendurch immer wieder umrühren, um die Konsistenz zu überprüfen.

Chicoréesalat, Seite 118

Entenleberpastete

Der anbrechende Winter bringt ein kulinarisches Highlight mit sich: Gänse- und Entenbraten. Allerdings scheint der Brauch, auch die Innereien zu verwenden, immer mehr aus den Küchen zu verschwinden. Dabei sind Geflügelinnereien eine Köstlichkeit, die sich sehr unkompliziert zu einem eigenständigen Gericht verarbeiten lässt.

- 500 g Gänse- oder Entenlebern, -nieren und -herzen
- 250 g Gänse- oder Entenflomen
- 1-2 Zwiebeln
- Gewürze: Salz, Pfeffer

Die Flomen in einem Topf bei mittlerer Hitze auslassen. Innereien in 1 cm große Würfel schneiden und im ausgelassenen Fett ein bis zwei Stunden schmoren. Währenddessen die Zwiebeln fein hacken, und in einer Pfanne braten, bis sie braune Farbe annehmen. Mit Salz und Pfeffer würzen.

Die Innereien anschließend fein hacken und die Zwiebeln hinzugeben. Gut verrühren und mit Salz und Pfeffer abschmecken. Diese Farce noch einmal im Topf erhitzen und heiß in saubere Gläser füllen. So hält sich die Pastete wenigstens 4-8 Wochen und kann sowohl kalt als auch warm genossen werden.

Schweinefilet mit Gemüse

Dieses Rezept entstand zum Herbstanfang, als die letzten Paprikas sich mit den ersten Kürbissen und Petersilienwurzeln in der Küche einfanden. Das Schweinefilet vom Bunten Bentheimer Schwein ist so schmackhaft, dass es keinerlei Kruste oder Soße bedarf.

4 PORTIONEN

600g Schweinefilet
1 Hokkaido-Kürbis
3 Petersilienwurzeln
4 Paprikas
Gewürze: Salz, Pfeffer, Muskat, Oregano, Thymian

Den Backofen auf 180° C vorheizen. Das Schweinefilet in einer Pfanne von allen Seiten scharf anbraten und anschließend 45 Minuten im Ofen fertig garen.

Den Kürbis in Würfel schneiden und in 250 ml Wasser kochen, bis er weich ist. Paprika in Streifen schneiden und in einer Pfanne in Olivenöl oder Butter anrösten. Mit Pfeffer, Oregano und Thymian würzen. Die Petersilienwurzeln in Scheiben schneiden und ebenfalls in einer Pfanne weich garen, dabei mit Salz und Pfeffer würzen. Den weich gekochten Kürbis stampfen und mit Salz, Pfeffer und Muskat abschmecken.

Das Filet nach Ende Garzeit aus dem Ofen nehmen und wenigstens 10 Minuten ruhen lassen. Erst dann in Scheiben schneiden und servieren.

Leber mit Gemüse

Als sehr geschmackreiches Fleisch lässt sich Leber sehr vielseitig verwenden. So macht sie auch neben Sommergemüse eine gute Figur, die verschiedenen Aromen ergänzen sich in diesem Rezept.

2 PORTIONEN

250 g Leber
4 Tomaten
2 Zucchini
1 Aubergine
1 Zwiebel
Gewürze: Salz, Pfeffer, Oregano, Thymian

Die Zwiebel in Ringe schneiden und in einer Pfanne glasig braten, mit Salz und Pfeffer würzen.

Die Leber sollte beim Garen nicht zu heiß werden, da sie sonst austrocknet und zäh wird. Sie kann in der Pfanne auf dem Zwiebelbett gegart werden oder bei niedriger Hitze in einer eigenen Pfanne.

Das übrige Gemüse klein schneiden und in einer zweiten Pfanne in Olivenöl oder Butter anbraten Würzen mit Salz, Pfeffer, Thymian und Oregano.

Hackpfanne

Hackfleisch ist unkompliziert in der Zubereitung und eignet sich daher für vielfältige Impovisationen. Ein Rezept wie dieses lässt sich mit Gemüse verschiedenster Art zubereiten. Es spielt durchaus eine Rolle, zu welchem Zeitpunkt die Zutaten miteinander vermischt werden, denn abhängig davon sind einzelne Geschmäcker in der fertigen Mahlzeit noch voneinander unterscheidbar oder eben nicht. Eine Frage des persönlichen Geschmacks, die zu Experimenten einlädt.

4 PORTIONEN

500 g Hackfleisch
8 Karotten
4 Zwiebeln
4 Tomaten
2 Paprikas
Gewürze: Salz, Pfeffer, Oregano, Thymian

Das Hackfleisch in einer Pfanne scharf anbraten und mit Salz und Pfeffer würzen. Danach auf kleiner Hitze warmhalten.

Zwiebeln in Ringe schneiden und in einer zweiten Pfanne glasig braten, mit Salz und Pfeffer würzen und anschließend zum Hackfleisch geben.

Währenddessen die Karotten in schmale Streifen schneiden und in der nun wieder frei gewordenen Pfanne braten, bis sie leicht braun werden.

Paprikas in kleine Stücke schneiden und hinzugeben.

Anschließend die Tomaten in Würfel schneiden und einige Minuten mit dem Gemüse braten. Mit Salz, Pfeffer, Thymian und Oregano würzen.

Das Gemüse nun ebenfalls zum Hackfleisch geben und verrühren, mit etwas Olivenöl oder Butter verfeinern und anschließend servieren.

Gefüllte Zucchini

In Scheiben geschnitten erhalten Sie bei den gefüllten Zucchini jeweils ein Stück Rand mit der angeschmorten Schale und einen Teil der hackfleischhaltigen Füllung.

4 PORTIONEN

500 g Hackfleisch
8 Zucchini (zum füllen)
4 Zucchini (für die Füllung)
2 Tomaten
2-3 Zwiebeln
2 Paprikas
Olivenöl oder Butter
Gewürze: Salz, Pfeffer, Oregano, Thymian

Den zu füllenden Zucchini den Boden flach abschneiden, damit sie aufrecht stehen. Den Deckel abschneiden und aufheben. Dann die Zucchini mit einem Teelöffel vorsichtig aushöhlen, das Fruchtfleisch aufheben. Eine Pfanne mit etwas Olivenöl oder Butter auf mittlere Hitze bringen und die ausgehöhlten Zucchini und deren Deckel darin von allen Seiten anbraten.

Währenddessen die Zwiebeln in Ringe schneiden und in einer zweiten Pfanne glasig braten, mit Salz und Pfeffer würzen. Das Hackfleisch hinzugeben und scharf anbraten, ebenfalls mit Salz und Pfeffer würzen.

Die übrigen Zucchini, die Tomaten und die Paprika in kleine Stücke schneiden und zusammen mit dem übriggebliebenen Fruchtfleisch in die Pfanne geben. Mit Salz, Pfeffer, Thymian und Oregano würzen und gelegentlich umrühren, bis die Tomaten gänzlich zerfallen.

Wenn die Zucchini von allen Seiten angeschmort sind, die Pfannen vom Herd nehmen und die Zucchini füllen, die Deckel aufsetzen, die übrige Füllung auf den Tellern verteilen und servieren.

Kapitel 4 – Weitere Informationen

Über Fettsäuren, häufige Fragen und weiterführende Literatur

Mehrfach ungesättigte Fettsäuren

In diesem Abschnitt führe ich einige der zu Beginn des Buchs angeschnittenen Themen zu den Fettsäuren weiter aus. Die Zusammenhänge sind sehr komplex und auch noch nicht zur Gänze erforscht. Daher versuche ich hier, die Erkenntnisse, soweit sie als gesichert gelten, möglichst einfach darzustellen ohne dabei zu unpräzise zu werden. Die Lektüre dieses Abschnitts ist keineswegs notwendig, um sich gesund zu ernähren. Zusammenfassend lässt sich auch hier sagen, dass eine ausgewogene Ernährung mit natürlich und artgerecht erzeugten Lebensmitteln viele Probleme vermeiden oder kurieren hilft.

Omega-3-Fettsäuren

Zu den vielen Arten von Fetten in unserer Ernährung gehören auch die Omega-3-Fettsäuren. In Medien, Werbung und Supermärkten als Schlagwort breitgetreten, scheint sich mittlerweile herumgesprochen zu haben, dass diese recht gesund sind. In der Tat kann der menschliche Körper sehr viel mit diesen Fetten anfangen und es macht durchaus Sinn, sich näher mit ihnen zu beschäftigen.

Omega-3-Fettsäuren sind sogenannte *mehrfach ungesättigte Fettsäuren*. Sie gehören zu den essentiellen Fettsäuren, das heißt, dass sie für den Menschen lebensnotwendig sind und der Körper sie nicht selbst herstellen kann. Fettsäuren sind unter anderem für die Bildung und Wartung von Zellen notwendig. Fett ist *hydrophob*, mag kein Wasser und taugt daher ausgezeichnet, um Zellinhalte von der Umgebung zu trennen. Mit anderen Worten: Würden wir das Fett aus dem menschlichen Körper entfernen, würde er zu einer Pfütze zusammenfallen.

Es gibt drei für den Menschen besonders wichtige Omega-3-Fettsäuren, nämlich *Alpha-Linolensäure* (ALA), *Eicosa-pentaensäure* (EPA) und *Docosahexaensäure* (DHA).

DHA hilft bei der Bildung von Nervengewebe. Das Gehirn besteht zu einem großen Teil aus Fett und den mit Abstand größten Teil der dort vorkommenden Omega-3-Fettsäuren macht DHA aus. Das gleiche gilt übrigens für die Netzhaut. Einfach ausgedrückt kann man also sagen: DHA ist gut für das Gehirn.

EPA spielt ebenfalls eine ganz entscheidende Rolle, und zwar als Grundstoff für die Herstellung von sogenannten Eicosanoiden. Dabei handelt es sich um Hormone die für die Regulierung unzähliger Funktionen im Körper zuständig sind. Ob nun Entzündungen verschiedenster Art, Blutgerinnung, das Immunsystem, die Stimmung oder konkrete Zustände wie Depressionen: Eicosapentaensäure hilft, dies positiv zu kontrollieren.

EPA und DHA zusammen in einer ordentlichen Dosis eingenommen können geradezu wundersame Heilungen hervorrufen, angefangen bei Rheuma, Arthritis, und Gelenkentzündungen über Insulinresistenz und Diabetes bis hin zu degenerativen Erkrankungen des Gehirns wie Alzheimer und sogar Demenz. Die Bevölkerung in den westlichen Ländern verzehrt seit einigen Jahrzehnten immer weniger Omega-3-Fettsäuren. Dies führt zu einem Ungleichgewicht, viele Erkrankungen sind die Folge – was einleuchtet, wenn man sich die aktuelle Volksgesundheit näher anschaut und mit den genannten gesundheitlichen Vorteilen von EPA und DHA vergleicht.

ALA ist die dritte Omega-3-Fettsäure. Sie wird im Körper zu EPA und später auch zu DHA umgewandelt. Dies passiert jedoch im menschlichen Körper nur mit sehr geringer Effizienz (cirka 5%). Und das ist wichtig: ALA ist zwar eine Omega-3-Fettsäure, doch sie ist für den Menschen nicht annähernd so nützlich wie EPA und DHA in Reinform. Das hält die Nahrungsmittelhersteller jedoch nicht davon ab, ihre Produkte entsprechend zu bewerben. So ist zum Beispiel Leinsamenöl in aller Munde (entschuldigen Sie das Wortspiel) einzig aufgrund seines hohen Gehalts an Omega-3-Fettsäuren. Dabei handelt es sich jedoch ausschließlich um Alpha-Linolensäure, die für sich gesehen nicht so besonders nützlich ist. Pflanzliche Omega-3-Fettsäuren bestehen fast immer ausschließlich aus ALA.

Um also wirklich Nutzen aus Omega-3-Fettsäuren zu ziehen, sollten Sie zu tierischen Quellen greifen. Allen voran wird dabei meist Fischöl beziehungsweise Fisch genannt, denn dieser enthält signifikante Mengen EPA und DHA. Besonders Makrelen und Heringe sind hier zu nennen.

In Supermärkten und auch bei Lebensmitteldiscountern finden sich in den Regalen immer häufiger Nahrungsergänzungsmittel mit Fischöl. Hier ist jedoch Vorsicht geboten: Da eine verhältnismäßig hohe Dosis benötigt wird, um nennenswerte Erfolge zu erzielen, ist die Schwermetallbelastung der Weltmeere nicht außer Acht zu lassen. Schadstoffe reichern sich in Fischen an und können am Ende auch im Fischöl landen. Nur hochqualitativ verarbeitetes, konzentriertes Fischöl kann sicher in höherer Dosis eingenommen werden. Die *International Fish Oil Standards*, IFOS, hilft Ihnen, die entsprechenden Produkte zu finden.

Übrigens: Tiere wie zum Beispiel Hühner sind sehr gut darin, ALA in EPA und DHA umzuwandeln. Man kann sagen, dass der größte Nutzen von Leinsamen für die menschliche Ernährung darin besteht, sie an Hühner zu verfüttern, damit sie daraus EPA und DHA herstellen, das uns dann in Form gelegter Eier zur Verfügung steht. Ein weiterer Hinweis auf den Wert der Eier von rein wiesengefütterten Hühnern ist hier also durchaus angebracht.

Omega-6-Fettsäuren

Unbedingt im direkten Zusammenhang mit den Omega-3-Fettsäuren, sind die Omega-6-Fettsäuren zu betrachten. Genau dieser Zusammenhang ist jedoch leider auch etwas komplizierter als die separate Betrachtung.

Von den bekannten Omega-6-Fettsäuren ist ebenfalls eine essenziell, also für den Menschen lebenswichtig: Die *Linolsäure* (nicht zu verwechseln mit der *Linolensäure*). So wichtig diese ist, so problematisch ist heute jedoch auch ihr Vorkommen in der Nahrung:

Die essenziellen Fettsäuren sowohl aus der Gruppe der Omega-3-, als auch der Omega-6-Fettsäuren dienen als Bausteine für andere Fettsäuren und Stoffe im Körper. Es ist nahezu unmöglich, diese Stoffe voneinander losgelöst zu betrachten, da sie stets miteinander interagieren. Unter anderem geht es dabei um die Bildung von entzündungsfördernden und entzündungshemmenden Stoffen. Hier sollte, wie so oft im menschlichen Körper, ein Gleichgewicht bestehen.

Und so spricht man bei der Betrachtung dieser Fettsäuren oft auch vom *Omega-6-zu Omega-3-Fettsäuren Verhältnis* oder auch *n-6:n-3*. Und genau dieses ist durch die westliche Ernährung heutzutage leider bei vielen Menschen sehr ungünstig. Zivilisationskrankheiten und andere Beschwerden sind die Folge. Denn während man bei Naturvölkern oft ein Verhältnis von 1:1 bis 2:1 in der Ernährung beobachtet (was auch für den Menschen der Steinzeit vermutet wird), liegt es in den westlichen Gesellschaften heutzutage bei rund 20:1. Dies liefert weitere Erklärungen für den schlechten Gesundheitszustand weiter Teile der Bevölkerung.

Ziel sollte also sein, das Verhältnis von n-6 zu n-3 zu verbessern und in Richtung Ausgleich zu bewegen. In der Regel bedeutet dies, den Konsum von Omega-6-Fettsäuren zu reduzieren und zugleich mehr Omega-3-Fettsäuren zu verzehren. Weiter oben erwähnte ich bereits, dass die besten Quellen dafür Tierprodukte sind. Zugleich gilt jedoch auch: Wenn Tiere mit Omega-6-reicher Nahrung gefüttert werden, enthalten ihre Produkte auch mehr Omega-6-Fettsäuren. Dieses Problem können Sie umgehen, indem Sie beim Kauf von Tierprodukten darauf achten, dass diese aus artgerechter Haltung stammen und dass zum Beispiel Rinder möglichst nur mit Gras gefüttert werden.

Viele Öle wie Maisöl, Rapsöl, Distelöl oder auch Sonnenblumenöl enthalten nicht nur große Mengen Omega-6-Fettsäuren, sondern werden bei der Herstellung auch stark erhitzt und verarbeitet, was ebenfalls gegen ihre Verwendung spricht. Beachten Sie, dass dies die besonders von der Industrie genutzten, billigen Öle sind und quasi sämtliche verarbeiteten Lebensmittel sowie Backwaren und Frittiertes damit hergestellt werden.

Nüsse und Nussöle aber auch Olivenöl enthalten ebenfalls Omega-6-Fettsäuren, sind in der Regel allerdings in Maßen durchaus empfehlenswert, wenn sie also nicht regelmäßig in großen Mengen verzehrt werden.

Eine sehr gute Alternative als Fett zum Kochen, Backen und Braten stellt Kokosfett dar. Es enthält praktisch keine mehrfach ungesättigten Fette und hat somit auf das n-6:n-3 Verhältnis zumindest keinen negativen Einfluss.

Dies ist lediglich ein Kurzüberblick über diese Thematik. Der Zusammenhang zwischen den einzelnen essenziellen Fettsäuren ist so komplex, dass eindimensionale Aussagen über viele Produkte wie zum Beispiel Eier oder Rindfleisch in diesem

Kontext schlichtweg nicht möglich sind. Vereinfachen lässt sich der Sachverhalt folgendermaßen: Eine ausgewogene, natürliche Ernährung durch Lebensmittel, die natur- und artgerecht erzeugt wurden, ist dem n-6:n-3-Verhältnis absolut dienlich.

Fleisch als Medizin

Nachdem der Verzehr von Fleisch nun seit mehreren Jahrzehnten immer größerer Kritik ausgesetzt ist, werden die gesundheitlichen Vorteile des Fleischverzehrs leider zusehends unter den Teppich gekehrt.

Richtig ist, dass die industrielle Massentierhaltung keinesfalls erstrebenswert ist und als Modell abgeschafft werden sollte. Sowohl um den Tierschutz zu gewährleisten, als auch, weil die damit verbundenen Umweltprobleme wie exzessiver Energieverbrauch, Kotentsorgung oder Geruchsbelästigung nur so gelöst werden können.

Die Folge muss jedoch nicht der Verzicht auf Rindfleisch sein. Eine Umstellung des Produktionsmodells ist ebenso denk- wie durchführbar. Rinder sind als Wiederkäuer nicht dafür gemacht, Getreide zu fressen (wozu sie in der Massentierhaltung gezwungen werden), sondern sie gehören auf die Weide. Das bedingt die Natur, die Evolution, die artgerechte und naturgerechte Haltung.

Ein scheinbar wundersamer Unterschied besteht zwischen grasgefütterten und getreidegefütterten Rindern: Die Fleischqualität. Denn auch für Tiere gilt: „Du bist was du isst". Wenn ein Rind also frei auf der Weide steht und sich ohne Stress aus der Salatbar bedienen darf, dann steigt die Qualität seines Fleisches im Vergleich zu industriell gezüchteten Tieren immens. Mit großen Auswirkungen für den Menschen.

Das Fleisch grasgefütterter Tiere behält in der Pfanne seine Größe (enthält also weniger Wasser), schmeckt intensiver und aromatischer. Und es ist auch nicht einfach nur magerer, sondern es enthält eine gänzlich andere Fettsäurenzusammensetzung. Auch der Anteil der Omega-3-Fettsäuren ist wesentlich höher.

Wer mehr Argumente für Weidefleisch sucht, der sollte einen Blick auf das Omega-6:Omega-3 Verhältnis werfen: Bei konventionell produziertem Fleisch liegt dieses Verhältnis bei 13,6:1, während grasgefütterte Tiere 2,78:1 zu bieten haben.

Doch es geht noch weiter. *Konjugierte Linolsäuren* (engl. *conjugated linoleic acids*, kurz CLA) sind eine Gruppe von Fettsäuren, die beim Muskelaufbau helfen und den Abbau von

Körperfett beschleunigen. Im Fleisch rein grasgefütterter Tiere ist die Menge der konjugierten Linolsäuren doppelt so hoch wie im Fleisch von Tieren, die mit Getreide gefüttert wurden. Überzeugende Argumente, nicht wahr?

Ein Hinweis: „Bio" bedeutet keinesfalls gleich Weidefleisch. Tatsächlich werden Sie das Fleisch rein grasgefütterter Tiere wohl leider in keinem Supermarkt finden. Hier gilt es, die Augen offen zu halten und in der eigenen Region nach Landwirten zu suchen, die solches Fleisch anbieten. Diese finden Sie oft auf Wochenmärkten, auch inserieren sie hin und wieder in Tageszeitungen.

Häufige Fragen

Je mehr ein Mensch erfährt und lernt, desto mehr Fragen werden sich ihm meist aufdrängen. Es liegt in der Natur des Lebens, dass die Erweiterung des Horizonts zugleich die Faszination für das weckt, was nun hinter diesem neuen Horizont liegt. Auf der Welt gibt es unglaublich viele Dinge zu erleben und immer dann, wenn ein Mensch glaubt, er wüsste nun alles über ein bestimmtes Thema, läuft ihm ein Ereignis über den Weg, das sich mit seinem Wissen nicht erklären lässt.

Natürlich kann dieses Buch niemals alle Ihre Fragen zum Thema der Ernährung oder gar nur Steinzeiternährung beantworten. Im Folgenden führe ich die am häufigsten gestellten Fragen mit entsprechenden Antworten auf. Diese können Ihnen auch als Vorschläge für weitere Fragen dienen, deren Antworten Sie sich vielleicht selbst mit Hilfe weiterführender Literatur oder des Internet beantworten können.

Warum kommen in den Rezepten keine Kartoffeln vor?
Kartoffeln enthalten große Mengen Stärke, diese wird im Körper sehr leicht in Zucker umgewandelt. Daher sorgen sie ebenfalls für einen sehr schnellen Anstieg des Blutzuckerspiegels und die daraus resultierenden Probleme. Darüber hinaus enthalten Sie geringe Mengen potenziell gesundheitsschädlicher Lektine. Eine starke Einschränkung des Kartoffelverzehrs, besser ein Verzicht zugunsten anderer Lebensmittel, ist daher oft empfehlenswert.

Wo bekommt man Stevia ohne Nachgeschmack?
Viele Stevia-Sorten haben leider einen leicht bitteren oder Lakritz-artigen Beigeschmack. Einige wenige Anbieter haben Wege gefunden, dies zu umgehen. Zum Beispiel durch Hinzufügen geringster Mengen Fructose. Da die verwendeten Mengen bei Stevia extrem gering sind, ist diese Fructose nicht nennenswert. Das Resultat ist eine Stevia-Produkt mit einwandfreiem Geschmack. Damit ich Ihnen stets eine aktuelle Quelle für solche Produkte zur Verfügung stellen kann, habe ich diese im Internet unter **www.urgeschmack.de/bezugsquellen** vermerkt.

Wo kann ich mehr über diese Ernährung erfahren?
Auf **www.urgeschmack.de** erfahren Sie in zahlreichen frei zugänglichen Artikeln und Videos viele weitere Details und Hintergründe zu dieser Ernährung. Sollten Ihnen diese Informationen nicht reichen geben die Bücher im folgenden Abschnitt „Weiterführende Literatur“ einen noch weiteren und detaillierteren Überblick.

Was esse ich zwischendurch?
Wenn Sie sich an die Grundsätze von Urgeschmack halten und entsprechend wenige Kohlenhydrate essen, sollten Sie nach ihren Mahlzeiten für 4-6 Stunden keinen Hunger verspüren. Es macht Sinn, dem Körper bei der Verdauung eine Ruhepause zu gönnen, statt ständig neue Nahrung aufzunehmen. Wenn Sie doch der Hunger quält, greifen Sie zu ein paar Nüssen, einem Schluck Kokosmilch oder auch etwas Dörrfleisch. Wichtig ist, keine Süßigkeiten oder kohlenhydratreichen Snacks wie Obst zu naschen, da dadurch die Versuchung nur noch größer wird, weiter zu naschen. Wenn Sie sich zu den Hauptmahlzeiten ausreichend Satt essen an Gemüse und Fleisch, sollte sich Ihr Hunger zwischendurch auf jeden Fall kontrollieren lassen.

Nie wieder Süßes?
Es mag unvorstellbar klingen, nie wieder Zucker und somit auch nie wieder Schokoriegel und Ähnliches zu essen. Aber es ist wirklich von großer Wichtigkeit, den Verzehr von Zucker einzustellen.
Eine Alternative stellt der natürliche Süßstoff Stevia dar. Zwar ist allein der Geschmack von Süßem ausreichend, um einen messbaren Ausstoß von Insulin und somit ein mögliches Hormon-Ungleichgewicht herzustellen. Jedoch ist dies stets weniger kritisch als der tatsächliche Verzehr von Zucker. Mit Stevia haben Sie die Möglichkeit, weiterhin zu süßen und dabei die Menge immer weiter zu reduzieren um sich langsam zu entwöhnen. Mehr über Stevia erfahren Sie in der Zutatenliste ab Seite 38.

Warum ist Fleisch so wichtig?
Fleisch und andere Tierprodukte enthalten essenzielle, das heißt für den Menschen lebenswichtige Aminosäuren. Diese sind aus pflanzlichen Quellen nicht oder nur in begrenzten Mengen erhältlich.

Warum ist Fett so wichtig?
Es gibt einige sogenannte essenzielle Fettsäuren. Ohne diese kann der Mensch nicht überleben. Fett ist ein Grundbaustein des menschlichen Körpers und eine exzellente Energiequelle. Mehr darüber erfahren Sie auch im Abschnitt über Fettsäuren ab Seite 132.

Ist es nicht ungesund, viele Eier zu essen?
Nein. Natürlich kommt es immer auf die Qualität und Quantität eines Lebensmittels an, doch dass der Mensch nur ein Ei pro Woche essen sollte, ist schlichtweg ein Märchen.

Was sind Lektine und Gluten?
Mehr über Gluten und Lektine erfahren bei den Ernährungsgrundsätzen unter Schritt 2 ab Seite 19.

Was sind Zivilisationskrankheiten?
Zu den Zivilisationskrankheiten gehörend die Gebrechen, die vornehmlich in den sogenannten zivilisierten und heute in der Regel industrialisierten Ländern auftreten. Darunter Übergewicht, Diabetes, Herzgefäßerkrankungen, Arthrose, Rheuma und viele andere.

Was bedeutet LCHF?
LCHF ist die Abkürzung für „LowCarb, HighFat" und beschreibt eine Ernährungsform, bei der wenige Kohlenhydrate und verhältnismäßig viel Fett verzehrt wird. In Bezug auf die hormonalen Auswirkungen und den Stoffwechsel ähnelt diese Ernährung sehr dem Konzept der Steinzeiternährung. Allerdings liegt der Fokus hier weniger auf der Qualität der Lebensmittel. Der Verzicht auf künstliche Zusatzstoffe ist zum Beispiel kein wichtiger Grundsatz von LCHF.

Was bedeutet „LowCarb" oder „Low-Carb"?
Siehe auch „Was bedeutet LCHF?".

Was ist die Atkins Diät?
Dr. Robert Atkins veröffentlichte in den 70er Jahren des 20. Jahrhunderts sein Diätkonzept, das über mehrere Phasen hinweg ebenfalls eine starke Einschränkung des Kohlenhydratverzehrs verschrieb. Ähnlich wie das LCHF-Konzept lag hier der Fokus jedoch auch nicht auf der Natürlichkeit der Ernährung, entsprechend wurde auf den Verzicht auf künstliche Zusatzstoffe, Zucker und Getreideprodukte nicht so viel Wert gelegt wie bei der Steinzeiternährung.

Was ist mit der Zone-Diät? Warum wird sie in diesem Buch nicht erwähnt?
Mit „Das Zone-Kochbuch für Genießer“ und „Das Urgeschmack-Kochbuch für Gourmets“ habe ich bereits zwei Kochbücher mit zahlreichen Rezepten veröffentlicht, die mit der Zone-Ernährung nach Dr. Barry Sears absolut konform gehen. Da die Urgeschmack-Ernährung prinzipbedingt der Zone-Ernährung sehr entgegen kommt, wäre eine weitere, zusätzliche Erwähnung redundant und würde unnötig Platz belegen. Aus diesem Grunde habe ich mich entschieden, keine zusätzlichen Hinweise auf die Zone-Ernährung zu geben.

Was ist die Steinzeitdiät?
Dies ist im Wesentlichen eine alternative Bezeichnung für die Steinzeiternährung.

Was ist die Paläo Diät oder Paleo Diät?
Paleo Diät oder, eingedeutscht, *Paläo Diät* ist ein anderer Begriff für Steinzeiternährung.

Literaturverzeichnis

Auf den folgenden Seiten finden Sie einige der Bücher und Studien, auf deren Basis die ernährungswissenschaftlichen Informationen in diesem Buch zusammengestellt wurden.

Gary Taubes, „Good Calories, Bad Calories“

Loren Cordain, „Das Getreide - Zweischneidiges Schwert der Menschheit“

Mark Sisson, „The Primal Blueprint“

Robb Wolf, „The Paleo Solution: The Original Human Diet"

Jonathan M Rhodes, Professor of medicine, "Genetically modified foods and the Pusztai affair", BMJ. 1999 May 8; 318(7193): 1284.

Carmen Cuadrado, Gyongyi Hajos, Carmen Burbano, Mercedes M. Pedrosa, Gema Ayet, Mercedes Muzquiz, Arpad Pusztai, Eva Gelencser, "Effect of Natural Fermentation on the Lectin of Lentils Measured by Immunological Methods", Food and Agricultural Immunology, Volume 14, Issue 1 March 2002 , pages 41 – 49

Katsuya Miyake, Toru Tanaka, Paul L. McNeil, "Lectin-Based Food Poisoning: A New Mechanism of Protein Toxicity"

W. J. Peumans and E. J. M. Van Damme, "Prevalence, biological activity and genetic manipulation of lectins in foods", Volume 7, Issue 4, April 1996, Pages 132-138

Pedro Cuatrecasas and Guy P. E. Tell, "Insulin-Like Activity of Concanavalin A and Wheat Germ Agglutinin—Direct Interactions with Insulin Receptors", Proc Natl Acad Sci U S A. 1973 February; 70(2): 485–489.

Emma Wear, "Wheat Chemicals Starve Insect Pests", Biology, Indiana Wesleyan University

David L J Freed, Allergist, "Do dietary lectins cause disease?", BMJ. 1999 April 17; 318(7190): 1023–1024.

J. M. Leheska, L. D. Thompson, J. C. Howe, E. Hentges, J. Boyce, J. C. Brooks, B. Shriver, L. Hoover and M. F. Miller, "Effects of conventional and grass-feeding systems on the nutrient composition of beef", J. Anim Sci., 2008. 86:3575-3585

Gaullier JM, et al., "Six months supplementation with conjugated linoleic acid induces regional-specific fat mass decreases in overweight and obese", Br J Nutr., 2007 Mar;97(3):550-60.

Gaullier JM, et al., "Supplementation with conjugated linoleic acid for 24 months is well tolerated by and reduces body fat mass in healthy, overweight humans", J Nutr., 2005 Apr;135(4):778-84.

Gaullier JM, et al., "Conjugated linoleic acid supplementation for 1 y reduces body fat mass in healthy overweight humans", Am J Clin Nutr., 2004 Jun;79(6):1118-25.

Risérus U, et al., "Conjugated linoleic acid (CLA) reduced abdominal adipose tissue in obese middle-aged men with signs of the metabolic syndrome: a randomised controlled trial", Int J Obes Relat Metab Disord., 2001 Aug;25(8):1129-35.

Eyjolfson V, et al., "Conjugated linoleic acid improves insulin sensitivity in young, sedentary humans", Med Sci Sports Exerc., 2004 May;36(5):814-20.

A. J. McAfee, et al., "Red meat from animals offered a grass diet increases plasma and platelet n-3 PUFA in healthy consumers", British Journal of Nutrition, 2011 105, 80–89

Jeppesen J, Hein HO, Suadicani P, Gyntelberg F., "Low triglycerides-high high-density lipoprotein cholesterol and risk of ischemic heart disease", Arch Intern Med, 2001 Feb 12;161(3):361-6.

Lamarche B, Després JP, Moorjani S, Cantin B, Dagenais GR, Lupien PJ., "Triglycerides and HDL-cholesterol as risk factors for ischemic heart disease. Results from the Québec cardiovascular study", Atherosclerosis, 1996 Jan 26;119(2):235-45

Lamarche B, Tchernof A, Moorjani S, Cantin B, Dagenais GR, Lupien PJ, Després JP, "Small, dense low-density lipoprotein particles as a predictor of the risk of ischemic heart disease in men. Prospective results from the Québec Cardiovascular Study", Circulation, 1997 Jan 7;95(1):69-75

Sprecher DL, "Triglycerides as a risk factor for coronary artery disease", Am J Cardiol, 1998 Dec 17;82(12A):49U-56U; discussion 85U-86U

Durrington PN, "Triglycerides are more important in atherosclerosis than epidemiology has suggested", Atherosclerosis, 1998 Dec;141 Suppl 1:S57-62

Fontbonne A, Eschwège E, Cambien F, Richard JL, Ducimetière P, Thibult N, Warnet JM, Claude JR, Rosselin GE, "Hypertriglyceridaemia as a risk factor of coronary heart disease mortality in subjects with impaired glucose tolerance or diabetes. Results from the 11-year follow-up of the Paris Prospective Study", Diabetologia, 1989 May;32(5):300-4

Coresh J, Kwiterovich PO Jr, Smith HH, Bachorik PS, "Association of plasma triglyceride concentration and LDL particle diameter, density, and chemical composition with premature coronary artery disease in men and women", J Lipid Res, 1993 Oct;34(10):1687-97

Corti MC, Guralnik JM, Salive ME, Harris T, Field TS, Wallace RB, Berkman LF, Seeman TE, Glynn RJ, Hennekens CH, et al, "HDL cholesterol predicts coronary heart disease mortality in older persons", JAMA, 1995 Aug 16;274(7):539-44

Davignon J, Cohn JS, "Triglycerides: a risk factor for coronary heart disease", Atherosclerosis, 1996 Jul;124 Suppl:S57-64

Gordon T, Castelli WP, Hjortland MC, Kannel WB, Dawber TR., "High density lipoprotein as a protective factor against coronary heart disease. The Framingham Study", Am J Med, 1977 May;62(5):707-14

Index der Zutaten

A
Apfel 50, 52, 78, 82
Apfelkompott 56, 66, 78, 120
Aubergine 48, 54

B
Banane 92
Blumenkohl 74
Bratwurst 112
Brokkoli 60

C
Chicorée 118

E
Ei 52, 62, 66, 70, 74, 92, 100, 110, 114
Ente 50, 56

F
Feldsalat 98
Feta 60, 70, 80, 88, 108, 118
Frischkäse 110

G
Gänseschmalz 56
Gelatine 58
Gemahlene Mandeln 92, 98, 100, 114
Grünkohl 50
Gulasch 76, 102, 104, 112

H
Hackfleisch 48, 70, 94, 128, 130
Heidelbeeren 82, 114, 116
Hokkaido-Kürbis 76, 78, 124

K
Kakao 38, 62, 100
Karotte 90, 98, 106, 128
Ketchup 48, 86, 104
Knoblauch 54, 70, 94, 98
Kohlrabi 104, 106
Kokoschips 52, 116
Kokosmehl 40, 62
Kokosmilch 39, 40, 58, 62, 82, 90, 116, 118, 138
Kürbis 76, 78, 124

L
Lauch 64

M
Mandelmehl 40, 52, 62, 92, 98, 100
Mandeln 40, 52, 82, 92, 98, 100, 114, 116
Miesmuscheln 84
Mozzarella 72

P
Paprika 88, 124, 128, 130
Pastinake 68, 108
Petersilienwurzel 124
Pfeilwurzelmehl 40, 82, 102

Q
Quark 110, 116

R
Rinderbraten 56, 90
Rinderbrühe 80
Rindfleisch 48, 94, 102
Rosinen 100
Rote Beete 76, 80
Rotkohl 56

S
Sauerkraut 112
Schmand 86, 102, 112
Schokolade 62, 114
Scholle 106
Schweinefleisch 124
Seelachs 96
Sellerie 90
Speck 56, 66
Stevia 19, 41, 52, 56, 58, 62, 86, 92, 94, 100, 110, 114, 118

T
Tomate 46, 54, 72, 84–88, 94, 96, 118, 126, 128, 130
Tomatenmark 80, 86

Z
Zucchini 48, 54, 88, 126, 130
Zwiebel 46, 50, 54, 56, 70, 78, 80, 86, 90, 94, 98, 102–108, 112, 122, 128, 130